Kauderwelsch
Band 175

Impressum

Jens Sobisch
Cuba-Slang — Wort für Wort
erschienen im
REISE KNOW-HOW Verlag Peter Rump GmbH
Osnabrücker Str. 79, D-33649 Bielefeld
info@reise-know-how.de

Bearbeitung & Layout Christine Schönfeld
Layout-Konzept Günter Pawlak, FaktorZwo! Bielefeld
Umschlag Peter Rump
Fotos Peter Rump, Jens Sobisch, Helmut Hermann (S. 23)
Zeichnungen Stefan Theurer
Druck und Bindung Wilhelm & Adam, Heusenstamm; Buchbinderei Keller, Fulda

ISBN 3-89416-353-4
Printed in Germany

Dieses Buch ist erhältlich in jeder Buchhandlung der BRD, Österreichs, der Schweiz und der Benelux. Bitte informieren Sie Ihren Buchhändler über folgende Bezugsadressen:
BRD Prolit GmbH, Postfach 9, 35461 Fernwald (Annerod) sowie alle Barsortimente
Schweiz AVA-buch 2000, Postfach 27, CH-8910 Affoltern
Österreich Mohr Morawa Buchvertrieb GmbH, Sulzengasse 2, A-1230 Wien
Belgien & Niederlande Willems Adventure, Postbus 403, NL-3140 AK Maassluis
direkt Wer im Buchhandel kein Glück hat, bekommt unsere Bücher zuzüglich Porto- und Verpackungskosten auch direkt beim Verlag oder über unseren Internet-Shop:
http://www.reise-know-how.de
Zu diesem Buch ist ein **Tonträger** erhältlich, ebenfalls in jeder Buchhandlung der BRD, Österreichs, der Schweiz und der Beneluxländer.
Der Verlag möchte die **Reihe Kauderwelsch** weiter ausbauen und **sucht Autoren**!
Mehr Informationen finden Sie auf unserer Internetseite
www.reise-know-how.de/buecher/special/schreiblust-inhalt.html

Kauderwelsch

Jens Sobisch

Cuba-Slang

Wort für Wort

El lenguaje ha nacido de la vida,
y la vida, después de haberlo creado, lo alimenta.

Joseph Vendryes (1875 - 1960), Linguist

Die Sprache wird durch das Leben geschaffen und gespeist.

Kauderwelsch-Slangführer sind anders!

Warum? Sie sind bestens mit der Landessprache vertraut und verstehen trotzdem nur die Hälfte, wenn Sie mit den Menschen vor Ort so richtig ins Gespräch kommen?

Gerade wenn Sie sich in der „Szene" bewegen oder Menschen in ihrem ganz normalen Alltag antreffen, sie auf der Straße ansprechen, mit ihnen ein Bier in der Kneipe trinken, ist deren Sprachgebrauch Meilen entfernt von der offiziell verwendeten Hochsprache in den Medien und den Bildungsinstituten.

Man bedient sich der **lockeren Umgangssprache** und vieler **modischer Slangbegriffe**, die oft nicht einmal die gesamte Bevölkerung versteht, sondern nur bestimmte Altersschichten, eingeschworene Szenemitglieder oder Randgruppen.

Die meisten Slangausdrücke haben eine kurze Lebensdauer und finden nie den Weg in das Lexikon. **Slang ist vergänglich.** Aber es bringt die nötige Würze in das sonst zu dröge daherkommende, in der Hochsprache geführte Gespräch.

Die wahre Vielfalt einer Sprache liegt in diesem lebendigen Mischmasch von Hochsprache, Umgangssprache und Slang. In diesem bunten Mix spiegeln sich **Lebensart, Lebensgefühl** und **Lebensphilosophie** der Menschen vor Ort.

Da die Umgangssprache eher gesprochen als geschrieben wird und es für deren Schreibweise keine festen Regeln gibt, werden Sie auf unterschiedliche Schreibweisen der Slangwörter stoßen, wenn Sie diese denn einmal geschrieben sehen.

Die AutorInnen werden Sie immer wieder zum Schmunzeln bringen und Ihnen gekonnt Mentalität und Lebensgefühl des jeweiligen Sprachraumes vermitteln. Es werden Wörter, Sätze und Ausdrücke des Alltags aus der Kneipe und dem Arbeitsleben, die Sprache der Szene und der Straße erklärt. Im Anhang sind diese in 1000 Stichwörtern geordnet, damit Sie die täglich gehörten Begriffe und Wendungen finden können, die bisher kaum in Wörterbüchern aufgeführt sind.

Inhalt

Einleitung

9 Vorwort
11 Hinweise zur Benutzung
13 Cubanisches Spanisch

Konversation

24 Unterwegs
28 Das liebe Geld
31 Outfit
33 Rund uns Essen
39 Trinken, Saufen, Party machen ...
46 Verdauung und Klo
47 Krank sein
49 Drogen
50 Die lockere Sprache des Alltags
67 Gestik und Mimik
68 Cubanischer Ethnomix
69 La „charada cubana“
72 Super, spitze, affengeil ...
79 Lust & Liebe
87 Wortspiele
89 Cubanische Sprüche & Sprichwörter

Anhang

98 Literaturhinweise
100 Register
112 Der Autor

Hasta la
victoria
Siempre

96062

Vorwort

Als ich Mitte 1997 für sechs Monate nach Cuba ging, beschränkten sich meine Spanischkenntnisse auf die üblichen, aus schlechten Western und der Trickfilmserie „Speedy Gonzales – Die schnellste Maus von Mexiko" bekannten Wörter und Sprüche: „Buenas dias, amigo"; „Muchas gracias, señorita"; „Hasta la vista"; „Andale" und natürlich das unvermeidliche „Ay caramba".

Wie nicht anders zu erwarten, folgte die schmerzhafte Erfahrung, dass mit diesem rudimentären Grundwortschatz kein gepflegter Small-Talk möglich ist. Ich sprang also ins kalte, philologische Wasser: Beim mühsamen Erlernen des cubanischen Spanisch halfen mir der Kauderwelsch Band 16 „Spanisch – Wort für Wort", ein Taschenwörterbuch, meine Latein-und Französisch-Kenntnisse aus der Schule und viele geduldige Cubanerinnen und Cubaner, denen ich an dieser Stelle ganz herzlich danken möchte.

Heute bin ich der Überzeugung, dass es wesentlich eleganter ist, vor dem Bereisen eines fremden Landes, einen Intensivkurs an der Uni oder der Volkshochschule zu belegen oder sich entsprechendes Wissen mit geeigneter Literatur und Sprachkassetten autodidaktisch anzueignen.

Doch selbst wenn man bereits leidlich Spanisch spricht und vielleicht sogar schon einige Zeit in Spanien verbracht hat, wird man auf Cuba immer wieder mit umgangssprachlichen Äußerungen konfrontiert, die zwar fest im alltäglichen Sprachgebrauch verankert sind, pero uno mismo no entiende ni papa (aber man selbst versteht nicht einmal Kartoffel, also gar nichts).

Dieses Büchlein soll dabei helfen, auch die cubanische Alltags-, Jugend- und Slangsprache zu verstehen, die mit dem europäischen „Hochspanisch" oft nur noch die Grammatik gemeinsam hat (hin und wieder nicht einmal diese).

Sprachen sind zu allen Zeiten sehr dynamische Gebilde gewesen. Daher kann es vorkommen, dass manche hier aufgeführten Begriffe nicht mehr in allen cubanischen Regionen üblich sind bzw. von der urbanen Hippster-Avantgarde in La Habana schon wieder durch ganz andere ersetzt wurden.

Da jede Sprache in lexikalischer Hinsicht ein Fass ohne Boden ist, kann diese Sammlung nicht vollständig sein. Ich freue mich daher auf Verbesserungsvorschläge aus dem Leserkreis.

Viel Spaß bei unserem Streifzug durch die cubanische Umgangssprache!

Jens Sobisch

Hinweise zur Benutzung

Diese Wort- und Phrasensammlung könnte man grob in zwei Teile gliedern:

Es geht los mit typisch cubanischen Ausdrücken, die Ihnen in bestimmten Situationen begegnen, z. B. auf der Straße, in guagua & cocotaxi, in der Salsa-Bar, etc. Das sind nicht immer Slang-Ausdrücke.

Im zweiten Teil geht es dann um die echte Umgangssprache. Wiederum grob nach Situationen sortiert, aber Überschneidungen ließen sich nicht vermeiden. Zu diesem 2. Teil möchte ich einiges anmerken. Wissenschaftlich gesehen ist Slang eine „Low-Level-Sprache", die von unteren sozialen Schichten ausschließlich gesprochen wird, da ihnen die „Hochsprache" nicht geläufig ist. Ich verstehe Slang anders, und zwar als die Sprache, die von den Leuten im alltäglichen Leben gesprochen wird, wenn man nicht auf Etikette achten muss. Da wimmelt es von „Spezialausdrücken" und „unfeinen" Wörtern.

Gerade bei letzteren ist es nötig, recht genau zu differenzieren. Auch bei uns kann ja z. B. das Wort „Scheißkerl" je nach Situation und angesprochener Person mal durchaus freundlich, mal höchst beleidigend sein. Auch werden sich zwei Männer an der Theke anderer Ausdrücke für Frauen bedienen, als wenn eine Frau dabei zuhört.

Ich habe stets versucht, die deutsche Übersetzung der Ausdrücke auf dem gleichen Sprachlevel zu halten. Trotzdem ist bei der Anwendung Vorsicht geboten. Völlig vulgäre Ausdrücke sind im Buch immer durch ein * oder gar zwei ** gekennzeichnet, damit Sie beurteilen können, ob Sie diesen Ausdruck selbst aktiv verwenden wollen.

Abwertende Ausdrücke und Beleidigungen sind sowieso nicht zum Gebrauch, sondern lediglich zum Verstehen aufgeführt!

Im Anhang des Buches sind alle Ausdrücke dieses Buches noch einmal stichwortartig und alphabetisch geordnet aufgelistet. Die Seitenzahl dahinter gibt an, wo das Wort erwähnt wird und demnach auch die Übersetzung steht. Hört man zum Beispiel den Ausdruck **„¡Aquí hay cuatro gatos!“**, findet man unter **gato** die entsprechende Seite.

Cubanisches Spanisch

Das Spanisch der Cubaner unterscheidet sich nicht nur vom europäischen Hochspanisch (castellano), sondern auch von dem der anderen lateinamerikanischen Länder.

Den Latinos gemeinsam ist, dass statt des persönlichen Fürwortes der zweiten Person Plural vosotros (ihr) für gewöhnlich ustedes (Ihr), also die Form für die höfliche Anrede, verwendet wird. Entsprechend wird auch das Verb in die dritte Person Plural gesetzt.

„Wo geht ihr hin?" heißt auf Hochspanisch also ¿Adónde vaís vosotros? Latinos fragen hingegen: ¿Adónde (se) van ustedes? Eine der in Spanien üblichen sechs Konjugationsformen, nämlich die regelmäßig auf -áis/-éis endende, wird also nicht benutzt.

Generell hat jedes mittel-oder südamerikanische Volk seine eigenen Redewendungen und Wortschöpfungen. Diese sind zum einen Überbleibsel afrikanischer und indianischer Sprachen (guagua, das cubanische Wort für Omnibus, ist beispielsweise indianischen Ursprungs). Zum anderen haben Latinos große Freude daran, neue Wörter und Redewendungen zu erfinden bzw. vorhandenen Begriffen weitere Bedeutungen zu geben.

Auf Cuba spricht man sehr schnell. Die Endsilben entfallen oft ganz oder verschmelzen mit der vorletzten Silbe. Besonders betroffen davon sind das „g", das „d" und das

„s". So klingt descarado (unverschämt) in der Umgangssprache etwa wie descarao. Gerne werden auch ganze Wörter weggelassen oder miteinander verbunden: Voy pa'llá statt Yo voy para allá (Ich gehe dorthin).

Anders als in Spanien wird ein „c" vor „e" und „i" nicht wie das englische „th", sondern eher wie ein deutsches „ß" ausgesprochen. Ein h am Wortanfang wird nicht behaucht, ist also nicht zu hören: Hacer (machen) hört sich also etwa wie „aßeerr" an. Vielen Ausländern bereitet es Schwierigkeiten, das „r" nicht im Rachen, sondern mit Hilfe von Zunge und Gaumen zu bilden.

Ein beliebtes Merksätzchen, mit dem cubanische Kinder diesen für das Spanische charakteristischen Laut einüben, lautet:

Zu Deutsch: R und R – Zigarre, R und R – Schiene, schnell fahren die Waggons auf den Gleisen der Eisenbahn.

R con R cigarro, R con R carril,
rapido corren los carros
por las lineas del ferrocarril.

Eine angeblich todsichere Methode, als Deutsch-Muttersprachler das Gaumen-"r" zu erlernen, besteht darin, immer wieder „bedaunes Bedötchen" (braunes Brötchen) oder „gedünes Gedas" (grünes Gras) vor sich hin zu sagen. Der Clou dabei ist, dass die Zunge bei den „d" genau an der Stelle liegt, wo korrekterweise auch das spanische „r" gebildet wird. Hat man diese Übung nun etwa eine Million mal wiederholt, sollen diese Sprüchlein ganz von selbst zur richtigen Artikulation des Gaumen-"r" führen. Ein „s" in der Wortmitte oder am Wortende wird von vielen Cubanern wie ein sehr weiches „ch" ausgesprochen oder ist gar nicht zu hören. Beispielsweise klingt dann los niños frescos (die frechen Kinder) unsauber ausgesprochen wie lo' niño' fre(h)co'. Das gerollte „r" wird bei manchen Wörtern, insbesondere am Wortende, zu einem „l": Motor etwa hört sich dann mehr oder weniger wie motol an.

Die Ähnlichkeit mit dem andalusischen Dialekt lässt auf dessen Einfluss schließen. Tatsächlich waren 60% der Eroberer und die ersten administrativen Vertreter der spanischen Krone in der neuen Welt Andalusier. Alle spanischen Abenteurer, die ein neues Leben in Amerika beginnen wollten, mussten zunächst in die Handelsmetropole Sevilla ziehen, um nach Monaten oder Jahren des Wartens die erforderliche Genehmigung (licencia) zum Übersiedeln zu erlangen. Den damaligen andalusischen „Slang" nahmen sie gleich mit.

Das heute auf den Kanarischen Inseln (Islas Canarias) gesprochene Spanisch hat vom Klang her wohl am meisten Ähnlichkeit mit dem Cubanischen.

Manche Festlandspanier behaupten scherzhaft, um den für ihre Ohren unsauberen, genuschelten Klang der cubanischen Umgangssprache hinzubekommen, müssten sie sich vorstellen, eine große Kartoffel im Mund zu haben. Umgekehrt deutet ein alter cubanischer Witz zu viel „s" in der Aussprache als Indiz für Homosexualität, was auf Cuba nach wie vor als besonders ehrenrührige Beleidigung gilt.

Verkleinerung, Vergrößerung, Übertreibung

Auf Cuba sind, wie in den meisten lateinamerikanischen Ländern, Verkleinerungs- und Vergrößerungsformen sehr beliebt. Sie werden nicht nur bei quantitativen Abstufungen verwendet, sondern dienen vor allem dazu, sich betont herzlich auszudrücken.

Die am meisten benutzten Endungen für Verkleinerungen und Verniedlichungen sind -ito/-ita. Daneben gibt es noch Varianten mit -cito/-cita und -illo/-illa sowie -itito/-itita für besonders kleine oder putzige Dinge.

Die Suffixe -ote und -ota sind die gebräuchlichsten für Vergrößerungen und Bekräftigungen.

Mit dem Wort beso (Kuss) kann auf diese Weise also folgendes angestellt werden:

Besito (Küsschen), besitito (Bussi), besote (dicker Kuss). Chico (klein, aber auch: Junge) wird zu chiquito (sehr klein, kleiner Junge) oder gar chiquitito (winzig, Säugling), chiquitillo oder chiquitico. Größer als grande (groß) ist grandote (riesig). Ein sehr kurzer Moment (momento) heißt momentito, momentillo oder momentín.

Auch sprechen sich Cubaner untereinander gerne mit Verkleinerungs-und Verniedlichungsformen an. Papito / papi / pipo (wörtlich: Papi), mamita / mami / mima (Mami), mihito (Söhnchen, von: mi hijo) und mihita (Töchterchen) hört man im Alltag immer wieder.

Adjektive können durch Anhängen der Endungen -ísimo/-ísima verstärkt werden. Baratísimo (spottbillig) ist also billiger als barato (günstig).

Cubaner möchten sich ihren Mitmenschen mitteilen. Man spricht lieber ein Wort zu viel als zu wenig. Leidenschaftliche Gefühlsäußerungen gelten als authentisch und scheinen für Cubaner in vielen Situationen die einzige angemessene Ausdrucksform zu sein. Bei besonders temperamentvollen Ausbrüchen und insbesondere wenn Rum im Spiel (und Kopf) ist, nimmt man auch Missverständnisse und Reibereien in Kauf.

Bekräftigungen und Übertreibungen werden oft als schönste Ausdrucksmöglichkeit gesehen. So spricht man z. B. nicht von einer langen Warteschlange, sondern erklärt, diese sei „más larga que el cuello de una jirafa" (länger als der Hals einer Giraffe). Je grandioser und blumiger der Vergleich, um so besser.

Eine kraftvolle, bildliche Ausdrucksweise macht eine Konversation interessanter und lässt auf ein reiches Innenleben des Gesprächspartners schließen. Umstände und Begebenheiten so kurz und knackig „rational" zu schildern wie dies etwa viele Deutsche gerne tun, wirkt trocken und blutleer.

Regionale Unterschiede

Wie in jedem Land gibt es natürlich auch auf Cuba unterschiedliche Dialekte. Selbst ein ungeübter Reisender kann Unterschiede in der Aussprache, etwa zwischen dem Spanisch der **habaneros** (Bewohner La Habanas) und dem der **orientales** („Ostprovinzler") heraushören.

Letztere sind sehr stolz auf ihre bindende, fast „singende" Sprechweise, für welche sie von den Bewohnern der anderen Regionen eigentlich belächelt werden. Ferner verschlucken gerade die Ostcubaner besonders gerne Buchstaben, lassen ganze Silben entfallen und sprechen „r" häufig wie „l" aus: Aus dem **doctor** (Arzt) wird **dotol**!

Die Bewohner mehrerer Städte in Zentralcuba nehmen für sich die Ehre in Anspruch, ein besonders schönes Spanisch zu sprechen, so beispielsweise die stolzen Bürger von Camagüey und Holguín.

Abkürzungen

Häufig gebrauchte, mehrsilbige Wörter werden respektlos abgekürzt. Verkürzungen und Verballhornungen von Vornamen sind dabei besonders populär.

Hier einige Bespiele dafür, was Cubaner mit den Namen ihrer Mitmenschen so alles anstellen:

Antonio	→	**Ton / Toni**
Federico	→	**Fede**
Francisco	→	**Paco / Quico**
Ignacio	→	**Nacho**
José	→	**Pepe**
María Luisa	→	**Marilú**
Marisol	→	**Mari / Solsi**
Miguel	→	**Migé**
Rafael	→	**Rafa**
Rafaela	→	**Fela**
Raquel	→	**Quela**
Teresa	→	**Tere**
Yamisel	→	**Yami / Selli**

Aber auch im Alltagsleben werden Wörter mit mehr als zwei Silben gerne zu einem knapperen, lässiger klingenden Ausdruck verkürzt:

la bici	**la bicicleta**	das Fahrrad
el corto	**el cortometraje**	der Kurzfilm
la foto	**la fotografía**	das Foto
la moto	**la motocicleta**	das Motorrad
la peli	**la película**	der Spielfilm
la poli	**la policía**	die Polizei

Da Cubaner gerne sehr schnell sprechen, hören sich viele kurze Alltagssätze wie ein Wort an. Beispiele:

¡Ven pacá!	**¡Ven para acá!**	Komm her!
¿Paqué?	**¿Para qué?**	Warum?
pal gato	**para el gato**	für die Katz'
pa na	**para nada**	für nichts

Anglizismen

Cubaner übernehmen sehr unbefangen Wörter aus dem Englischen, wobei die Schreibweise angepasst (hispanisiert) wird. So modifiziert man „st" und „sp" am Wortanfang in die für Cubaner angenehmer klingenden Laute „est" und „esp". Besonders viele Anglizismen finden sich im Bereich der modernen Technik und der Popkultur:

barman	
bisté	*beefsteak*
bodi	*body*
buldózer	
camping	
chance	
chol / chor	*short*
club	
controlar	*to control*
dancing	
espor	*sport*
estambay	*standby*
feis	*face*
filin	*feeling*
fifty	*fifty*
friki	*freak*
fútbol / fúlbol	
hamburguesa	*hamburger*
jipi	*hippie*
joint	
lobi	*lobby*
lunch	

niple	*nipple*
overol	*overall*
payama	*pyjama*
penjaus	*penthouse*
propela	*propeller*
pudín	*pudding*
quei	*cake*
redi	*ready*
sandwich	
teipe	*tape*
té	*tea*
tique	*ticket*
yáquet	*jacket*
zapear	*zapping*

Gallizismen

Viele der aus dem Französischen übernommenen Wörter bezeichnen Dinge des (zuweilen anno dazumal) gepflegteren „Lifestyles".

buti	Boutique
chaperona	Anstandsdame
creyón	Lippenstift
debut	Debüt
entrenar	trainieren
matiné	Matinee
negliyé	Dessous
revancha	Vergeltung
sirope	Sirup

Wörter indianischen Ursprungs

Als Christoph Kolumbus am 27. Oktober 1492 vor Ostcuba ankerte, lebten etwa 100.000 (nach anderen Quellen bis zu 300.000) Menschen auf der Insel.

Durch Massaker bei Strafexpeditionen, eingeschleppte Infektionskrankheiten und den gnadenlosen Einsatz beim Anbau von Zuckerrohr ab 1548 wurde die Urbevölkerung sehr schnell erheblich dezimiert. Um 1550 lebten nur noch etwa 1000 -5000 (!) Indígenas auf dem Archipel.

Geblieben sind hispanisierte Begriffe indianischen Ursprungs, die meist Tiere, Pflanzen oder Orte bezeichnen.

Viele Wörter aus der Sprache der Taíno lassen sich an der Anfangssilbe „gua“ erkennen, so etwa die Städtenamen Guantánamo und Guanica.

bohío	kleine Rundhütte der Landbevölkerung
cacique	Kazike (Indianerführer)
ceiba / ceibón	Wollbaum
Cuba	(von Cubagua)
guagua	Omnibus
jicotea	eine Papageienart
maíz	Mais
manatí	eine Seekuhart
maní	Erdnuss
cacao	Kakao
tabaco	Tabak
tiburón	Hai
canoa	Kanu
yuca	Yucca

Der Archaismus

Eine weitere Eigenart des spanischen Vokabulars auf Cuba ist der Archaismus (veralteter Ausdruck).

In Spanien vergessene Begriffe sind hier also erhalten geblieben. Zwei Beispiele:

pararse por (Cuba) **ponerse en pie** (Spanien)	aufstehen
ubicar (Cuba) **situar** (Spanien)	platzieren

Natürlich ist der Basiswortschatz mit dem der iberischen Halbinsel identisch.

Unterwegs

Auf Cuba sind Benzin und öffentliche Verkehrsmittel Mangelware, weswegen sich der Autostopp (coger / pedir botella) zu einer der üblichen Methoden, um von A nach B zu kommen, entwickelt hat. An besonders verkehrsintensiven Punkten sieht man gelegentlich gelb gewandete Staatsdiener, die vorbeikommende Autos stoppen und ihnen eine Ladung wartender Menschen zuweisen.

Trampen gilt gemeinhin nicht als sonderlich gefährlich. Viele alleinreisende Frauen vermeiden es vorsichtshalber dennoch, sich von einem nur mit Männern besetzten PKW mitnehmen zu lassen.

Die Chancen, mitgenommen zu werden, erhöhen sich erheblich, wenn man mit ein paar bunten (idealerweise US-amerikanischen) Geldscheinen winkt!

Botella (Flasche) nennt sich das ganze, da das Zeichen für Autostopp, der nach oben gereckte Daumen der geschlossenen Hand, von der Form her an eine Flasche erinnert. Inzwischen ist jedoch das Winken mit nach unten abgewinkelten Fingern gebräuchlicher.

Auf La Habanas Straßen kann man so ziemlich jedes denkbare Vehikel in Aktion sehen: Von 50 Jahre alten Straßenkreuzern über jede Art von Zweirädern bis zu Fahrzeugen Marke Eigenbau, die niemals durch den deutschen TÜV kämen, ist alles unterwegs, was sich irgendwie zum Transport von Menschen und Waren eignet.

Für Touristen besonders faszinierend ist die Mitfahrt in einer Rikscha, einem Cocotaxi oder mit dem rosafarbenen camello (Kamel; s. S. 27), riesigen auf Sattelschleppern aufmontierten Bussen, die von ihrer charakteristischen Form her an das gleichnamige Wüstentier erinnern.

Cocotaxis sind gelbe dreirädrige Vehikel, die zwei Passagieren luftige, aber überdachte Sitzplätze bieten. Wie auch die Fahrradrikschas werden sie von cuentapropistas, also selbstständigen Kleinunternehmern, die auf eigene Rechnung arbeiten, gelenkt und ganz überwiegend von Ausländern genutzt.

Bei den herkömmlichen Auto-Taxis muss man zwischen offiziellen und nicht ganz offiziellen unterscheiden. Erstere sind an ihrer gelben Farbe und einem elektronischen Taximeter zu erkennen. Letztere sind eigentlich illegal, aber oft kostengünstiger, vor allem dann, wenn man sie mitsamt Chauffeur gleich für mehrere Stunden mietet.

	boleto	Fahrkarte
Flasche	**botella**	Autostopp
Eselin	**burra**	Drahtesel
	camello	Lastwagenbus in La Habana
	caretón	Kutsche
	carro	Auto
Ziege	**chivo**	Fahrrad
die Flasche nehmen	**coger botella**	trampen
einen Pfeil machen	**echar una flecha**	wie ein geölter Blitz unterwegs sein
das Vierrädrige	**el cuatro ruedas**	Auto
	grúa	Abschleppdienst
	guagua	Bus
aufrecht gehen	**ir parado**	zu Fuß gehen
disparo = *Schuss*	**ir disparado**	Bleifuß fahren
Maschine	**máquina**	Auto
von motocicleta	**moto**	Motorrad
Gummi verbrennen	**quemar goma**	Gas geben

Die Verkehrspolizei (policía del transito) erfreut sich nicht allzu großer Beliebtheit. Dabei muss allerdings zwischen den gelb gewandeten Einheiten (los amarillos, wörtlich: die Gelben), die den Straßenverkehr lenken und deren komplett dunkelblau gekleideten, mit schweren Stiefeln (botas) beschuhten, caballitos (wörtlich: Pferdchen) genannten Kollegen unterschieden werden.

Letztere verteilen gerne und reichlich Strafzettel. Ihren Anweisungen ist unbedingt Folge zu leisten.

Die gängigsten Slangbegriffe für „Polizei" lauten:

chivatos	Verräter
la gente de la jugada	(jugada = *Spielzug)*
informantes	Informanten
monigotes	*(von* monos)
monos	Affen

Das liebe Geld

Seit auf Cuba der Besitz von verdes (US-Dollar, wörtlich: die Grünen) offiziell erlaubt ist, kann man wieder alles kaufen, was das Herz begehrt. Der Wechselkurs Peso-Dollar liegt seit einiger Zeit recht konstant bei 27 : 1. An vielen Ecken stehen (illegale) Geldwechsler bereit, um gegen eine kleine Provision Pesos in die begehrten „Greenbacks" einzutauschen.

Die einheimische Währung ist praktisch nur noch für den Erwerb von Grundnahrungsmitteln zu gebrauchen, bei Versorgungsengpässen nicht einmal dafür. Behördengebühren, Tickets für Züge und Busse sowie Eintrittsgelder werden meist ebenfalls noch in Pesos berechnet. Etwas anderes gilt allerdings für Touristen, die ausschließlich in Dollar (dólares) zur Kasse gebeten werden.

Auf den Scheinen und Münzen der moneda nacional (einheimische Währung) sind Helden der Revolution und Szenen aus einem idealen Arbeiter-und Bauernstaat abgebildet. Den Ein-Peso-Schein etwa ziert das Konterfei von José Martí, die Drei-Peso-Münze zeigt Che Guevara und seinen Kampfruf „Patria o muerte". Fallen Sie nicht auf die Herrschaften herein, die für letztere einen Dollar oder mehr verlangen: In einer cubanischen Bank erhalten sie gegen diesen Betrag neun solcher Münzen!

Der ungeliebte und doch so begehrte US-Dollar wird auf Cuba meist fula genannt. Eine einzelne Münze wird vom Volksmund als kilo bezeichnet. Die Ein-Peso-Münze heißt menudo. Ein Peso unterteilt sich theoretisch in 100 Centavos und es sind auch noch entsprechende Münzen im Umlauf. Allerdings kosten die billigsten Waren, etwa eine Tasse Kaffee oder ein Glas Guarapo-Saft schon seit langem mindestens einen Peso. Die Fünf-Centavo-Münze wird als medio, die 20-Centavo-Münze als peseta bezeichnet.

(Peso)

Um das ganze noch etwas komplizierter zu machen, gibt es mit dem Peso Convertible (wörtlich: konvertierbarer Peso) quasi noch eine „dritte Währung" auf Cuba. Diese vom cubanischen Staat hergestellten Münzen und Scheine entsprechen dem jeweils angegebenen Wert in US$ - allerdings nur auf Cuba.

(Peso Convertible)

Preisauszeichnungen werden sowohl bei Peso-als auch bei Dollar-Angaben mit dem bei uns als „Dollarzeichen" bekannten Symbol ($) vorgenommen: Sind Pesos gemeint, geht ein vertikaler Strich durch das „S", bei US-Dollar sind es zwei Linien.

Die folgenden Begriffe stehen für

Kohle, Schotter, Knete usw.

baro	
caña	Halm (nur Pesos)
divisa	Devisen (also US$)
estilla	
guaniquiqui	
guansa	
melón	Melone
pasta	Teig
plata	Silber
fula	US-Dollar
verdes	die Grünen (US$)
pasta guansa	viel Geld

Ese barbaro tiene tremendo melón.
Jener Barbar hat viel Melone
Der Knilch hat 'ne Menge Asche.

Die gängigsten Ausdrücke für „pleite sein" lauten:

estar seco	trocken sein
estar pasma'o	gelähmt sein
estar palmiche	(Palmiche heißt die als Tierfutter verwendete Frucht der Königspalme)
estar pela'o	enthaart sein
estar arranca'o	herausgerissen sein

Notorische Schnorrer werden als **luchadores** (Kämpfer) bezeichnet.

Outfit

Im Gegensatz zu vielen Deutschen wählen Cubaner ihr Outfit nicht primär nach praktischen Gesichtspunkten aus. Damen wie Herren jedweden Alters bevorzugen Kleidung, die vor allem schön ist, das heißt die erotische Wirkung und soziale Stellung des Trägers heben und die unästhetischen Seiten der menschlichen Natur unterschlagen hilft.

Die Natürlichkeit, die der Deutsche unter den praktischen Aspekten seiner Kleiderwahl gerne betont, ist Cubanern kein taugliches Kriterium. Für sie ist Mode eine Sprache, also eine Form des Ausdrucks.

Die hier aufgeführten Kleidungsstücke tragen im kastilischen Hochspanisch andere Bezeichnungen.

ajustador	Büstenhalter
andar hecho un harapo	schlampig angezogen sein
bajichupa	trägerloser BH
balín	Hose
batilongo	weites Kleid
cagua	kleiner Sombrero
chol / chor	Short
coba	Kleidung
cobea'o	gut gekleideter Kerl
cutara	Pantoffel (in Ostcuba)
(estar) faja'o	geschmacklos (gekleidet sein)
faldo / fardo	Hose

	gangarria	Schmuck
	guapita	Herrenhemd
	guayabera	traditionelles Herrenoberhemd
	guillo	Handgelenk-Kettchen
die Taube machen	**hacer la paloma**	Kleidung hastig reinigen
	harapos	Lumpen
	jipi	Hippie-Style
	leva	Kleidung
	lima	Kleidung
	manjatan	enges elastisches Hemd
	media	Socke
	muy bien puesto	gut gekleidet
	negliyé	Dessous
	panti	lange Socken
	payama	Pyjama
	pitusa	Jeans
	popis	Sportschuhe
	portañuela	Hosenschlitz
	puyas	Schuhwerk mit hohen Absätzen
	saco	Sakko
	sayuela	Damenunterwäsche
	síper	Reißverschluss
(Schuhabsätze)	**tacos**	Schuhe
	tanga	Tanga
(Stoff-)	**tela**	Klamotten
	tope	Top
	trusa	Badeanzug
	túnico	Kopftuch
	vaya chaqueta	tolle Kluft
adefesio = *Unsinn*	**El es un adefesio.**	Er sieht wie ein Geck aus.

Qué clase chaqueta se ha tirado el tipo. tirar = *werfen*
Was für 'ne Kutte hat sich der Typ da gekauft!
(sowohl bewundernd als auch ironisch)

¡Oye yunta que percha más dura te tirastes hoy!
Hör mal Alter, was für harte Klamotten haste dir denn heute übergeworfen!
Mensch, bist du schick!

Rund ums Essen

Die cubanische Küche ist aus einer Mischung von – wen wundert's – indianischen, spanischen, afrikanischen und chinesischen Einflüssen entstanden. Und auch die Franzosen hatten, wohl über den Umweg Haiti, einen gewissen Einfluss. Die schmackhafte kreolische Küche (cocina criolla) ist in der Zusammenführung dieser unterschiedlichen kulturellen Geschmacksrichtungen einzigartig.

Die Zubereitung und der gemeinsame Genuss der Gaumenfreuden gehören zu den ganz großen cubanischen Leidenschaften.

Kohldampf

canina = *Hundekot*	**hambre canina**	Heißhunger
Mund machen	**hacer boca**	Appetit hervorrufen
	estar fuera de caldero	außerhalb des Bottichs sein
	estar fuera de fonda	außerhalb des Restaurants sein
	estar pasa	Rosine sein
	estar vacio	leer sein
auf die Minute zubereiten	**preparar a la minuta**	rasch kochen

Se me hace la boca agua.
Der Mund wird mir zu Wasser
Das Wasser läuft mir im Munde zusammen.

Was kommt auf den Tisch?

Der von chinesischen Plantagenarbeitern Mitte des 18. Jahrhunderts mitgebrachte Reis ist Grundnahrungsmittel Nummer eins und darf bei fast keinem Gericht fehlen.

Die Revolution von 1959 wirkte sich auch auf die Essgewohnheiten aus:

Die „haute cuisine" des Bürgertums galt lange Zeit als dekadent. In den ökonomischen Krisenjahren der 90er wurden Lebensmittel knapp und die Cubaner mussten sich auch am Herd auf ihr Improvisationstalent besinnen:

In der Not kreierte man Speisen wie Steaks aus Orangenschalen und Kroketten aus Brotkrümeln und Soja. Vor allem Soja, mit dem unter anderem auch Hackfleisch gestreckt wurde, galt als nutritive Allzweckwaffe: Sojalismus im Sozialismus.

Inzwischen bekommt der cubanische Feinschmecker auf den Bauernmärkten und in den Devisenshops alles, was er sich wünscht – sofern er über die nötigen finanziellen Mittel verfügt.

Eine für Reisende günstige und stilechte Möglichkeit, die kulinarischen Genüsse Cubas zu entdecken, sind die inzwischen relativ zahlreichen, paladares genannten, Privatrestaurants. Die Köchin dieser Gaststätten ist meist die Frau des Hauses, oft eine „richtige" cubanische Mama (oder Oma) mit jahrzehntelanger Erfahrung in der hohen Kunst des Kochens.

Folgende Gerichte sind cubanische Kreationen oder tragen in Spanien und anderen lateinamerikanischen Ländern abweichende Bezeichnungen:

aporreado	Geschnetzeltes
arepa	Gebäck
ayaca	gefüllte Maistasche *(ostcubanisch)*
bisté	Beefsteak
bocadito	Sandwich
boniatillo	gezuckerter Kartoffelbrei
caña	Zuckerrohr
casabe / cazabe	Yucca-Kuchen
cascos	Süßspeise aus Guavenbirnen
champola	Früchteallerlei

	chatino	gebratene grüne Banane
	chicharitas	frittierte und gezuckerte Bananenscheibchen
	chícharo	Erbse
	chicharrones	frittierte Schweinehautstückchen
	chilindrón	Hackfleisch
	chivirico	frittierte Mehlstückchen
	congrí	Reis und Bohnen
	conserva	Dose
	cuerú'a	süßes Gebäck
	dulce	Süßspeise
	durofrío	Eis am Stiel
	enchilado	Fischgericht
	ensiamada	süßes Brot
	frijoles	Bohnen
hübsch und hässlich	**guapo y faja'o**	Sandwich mit Käse und Kochschinken
Zubehör	**guarnición**	Beilagen
	guayaba / timba	Guavenbirnen
	guiso	Mais in Soße
	massarreal	Gebäck
Hungertöter	**matahambre**	Gebäck
	mazamorra	Gebäck
	mojo	Zwiebelöl zur Yucca-Zubereitung
	montería	Reste von Fleischgerichten, die gerne zum Frühstück gereicht werden
	panetela	feines Gebäck
	panqué	weiches Süßgebäck
	panqueque	festes Süßgebäck
	papa	Kartoffel
Spieß	**pica**	Snack
	pinol	Mahlzeit auf Maisbasis

pionono	Gebäck	
pudín	Pudding	
quei / queque	Keks	
raspa	im Topf festklebender Reis	raspar = *abkratzen*
raspadura	sehr zuckrige Süßspeise auf Zuckerrohrbasis	
rosita de maíz	Popcorn	*kleine Mais-Rose*
royal	Backpulver	*(Backpulvermarke)*
saladito	gesalzene Snacks	
salcocho / sanchocho	Essensreste	
sambombo	misslungenes Essen ohne Geschmack	
tachino	frittierte Bananenscheiben	
tayuyo / tamal	gefüllte Maistasche	
torreja	süßes Gebäck	
toston / tostón	frittierte und gezuckerte Bananenscheiben	

Nahrungsaufnahme

Die gebräuchlichsten Slangausdrücke für comer (essen) lauten:

jamar
manyar
papear

Die Nahrungsaufnahme (comida = das Essen / die Mahlzeit) wird gerne so bezeichnet:

jama	
papa (v.a. Kindersprache),	
pasto	Futter

Weitere gebräuchliche Begriffe sind:

kübelweise essen	**comencubo**	Vielfraß
	echar a la paila	sich zur Bratpfanne begeben
	engullir	fressen
	forrarse	sich vollfressen
	gandición	Gier
	gandí'o	gierig
	llenarse la barriga	sich den Bauch voll schlagen
	lunch	Lunch
ein Serum reinlassen	**pasarse un suero**	Hunger stillen
die Mütze festmachen	**pegar la gorra**	Essen schnorren
	pilón	Gierschlund
die Stiefel anziehen	**ponerse las botas**	übermäßig schlemmen
	¡Qué aproveche!	Guten Appetit!
	¡Buen provecho!	

Trinken, Saufen, Party machen ...

Cubaner gelten als sehr geselliges und extrovertiertes Volk. Alkohol darf bei keiner vernünftigen Feier fehlen.

Auf der „Rum-Insel" Cuba findet man eine Reihe erstaunlich guter einheimische Biermarken, wie etwa Cristal, Bucanero (wörtlich: Pirat) und Mayabe. Seltener begegnet man dem in El Cotorro hergestellten und nach dem Führer eines Indianeraufstandes benannten Hatuey, dem ebenfalls sehr empfehlenswerten Tínima und lokalen Sorten wie Princesa (Pinar del Rio) oder La Matancera (Matanzas).

Ein typisches nicht alkoholisches Getränk ist guarapo (Zuckerrohrsaft). In den casas de infusiones genießt man keine Infusionen, sondern Tee (té oder yerba buena). Dieser wird gerne mit etwas Limone versetzt.

Fruchtsäfte (jugo) und Milchshakes (batido) sind sehr beliebt. Und auch die Erzeugnisse US-amerikanischer Brausegiganten sind, über Kanada oder Mexiko importiert, zu bekommen. Wer möchte, kann auf cubanische Colamarken wie Tropicola und Tucola ausweichen.

Cubaner lieben starken schwarzen Kaffee (cafecito, café criollo), den man meist in kleinen Gläsern oder Tassen serviert. Aber auch café con leche (Kaffee mit heißer Milch) wird sehr gerne getrunken.

Rum (ron), seit langem das alkoholische Nationalgetränk, galt vor 200 Jahren noch als minderwertiges Piratengesöff. Dies änderte sich erst, nachdem der nach Santiago de Cuba ausgewanderte spanische Weinhändler Fernando Bacardi die Herstellung mittels Holzkohlenfilterung und Reifezeit in Eichenfässern verfeinert hatte.

Hier sind vier Kater.	**Aquí hay cuatro gatos.**	Hier ist tote Hose.
	aguardiente	Zuckerrohrschnaps
	arrojar / botar	kotzen
Bällchen	**bolaita**	Ereignis
	borra	Kaffeesatz
	birra	Bier
	borrachera	Rausch
	botellín	Fläschchen Bier
	buche / buchito	Schluck / Schlückchen
der Kopf ist eine Bombe	**la cabeza hecha una bomba**	dicker Kopf
	chatear	mit Freunden chatos trinken gehen
flaches Weinglas	**chato**	Glas Wein
	chicha	Erfrischungsgetränk aus Ananasschalen
„Kleiner"	**chiquito**	Gläschen harten Alks
	chipe tren	starker Fusel
	clara	Bier mit Zitronenlimo
	coger una borrachera	sich besaufen
einen Funken fassen	**coger una chispa**	einen Schwips bekommen
„Kurzer"	**corto**	Gläschen Bier
	cristal	Glas
Schotte	**un escocés**	Mischung aus Kaffee und Whiskey

estar ciego	besoffen sein	*blind sein*
estar ebrio	betrunken sein	
estar en nota	besoffen sein	
Esto parece un velorio.	Hier geht gar nichts.	*Das hier ähnelt einer Totenwache.*
Es un sitio guay.	Das ist 'n cooler Laden.	
gallardo / gallardó	Kaffee	
garapiña	Ananasgetränk	
jarra	Krug Bier	
liquidado	stockvoll	*zerstört*
líquido de frenos	mieses Getränk	*Bremsflüssigkeit*
malta	Malz-Erfrischungsgetränk mit Kohlensäure	
me mareo	mir ist schwindelig	
Me fui de pachanga. Me fui a descargar.	Ich habe einen draufgemacht.	
Mi cerveza sabe a mea'o de vaca.	Mein Bier schmeckt nach Kuhpisse.	
mover la cintura	tanzen, abhotten	*die Taille bewegen*

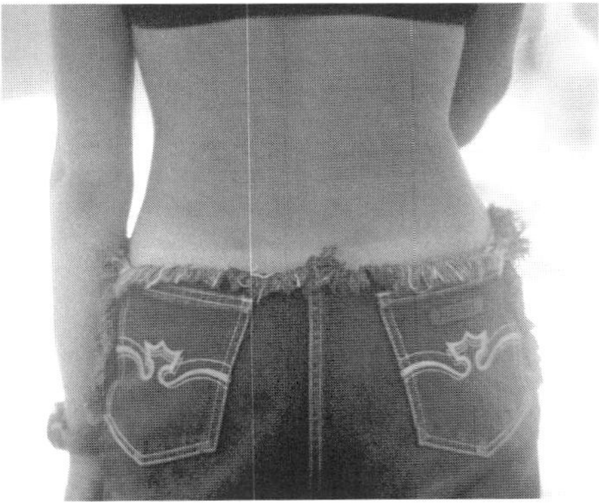

Nos hemos pasado la noche de rumba / gozanolo.
Wir haben ordentlich abgefeiert.

¡Nos tomamos unos tragos / buches!
Lasst uns einige Schlucke nehmen
Lasst uns einen trinken gehen!

(lages = *Bierchen*) **¡Vamos a meternos un guamparaso / unos lages!**
Lass uns einen draufmachen!

¡Vamos a pegar tarros!
Lass uns Hörner aufsetzen!
Lass uns auf die Pauke hauen!

pasar la noche en blanco
die Nacht „blank" verbringen
keine Frau abkriegen

vomitar como una yegua
wie eine Stute kotzen

Pasame un bote/prado.
Gib mal 'ne Kippe.

Tengo ganas de vomitar.
Ich glaub', ich muss mich übergeben!

	la penúltima copa	das vorletzte Glas
	plus / pru	ostcubanisches Erfrischungsgetränk
	pítima	Suff
	resaca	Kater
auch: mieses Gesöff	**sambumbia**	klarer (nordeuropäischer) Kaffee
	un solo	schwarzer Kaffee
wegblasen	**soplar**	abschädeln

tener un melocotón	besoffen sein	*einen Pfirsich haben*
tener una merluza	völlig dicht sein	*einen Seehecht haben*
trago	Schluck	
tremenda nota	stockvoll	
trincar	saufen (zerstückeln)	

Rum gibt es in drei Altersstufen: Den dreijährigen carta blanca, den fünfjährigen carta de oro und den siebenjährigen añejo. Je älter der Tropfen, desto weicher sein Aroma. Der añejo ist dabei durchaus mit einem edlen Kognak vergleichbar. Carta blanca bietet sich für das Mixen von Cocktails an, die beiden anderen genießt man pur oder auf Eis.

Billige Mixgetränke sind ron con caña (Rum mit Zuckerrohr) und ron con menta (Rum und Minzsirup).

Aus Rum, Eis und anderen Zutaten werden die berühmten cubanischen Cocktails gemixt.

Kleine Auswahl edler Cocktails

Canchánchara	*Honig, Limonensaft und Mineralwasser*
Cuba Bella	*Granatapfelsirup, Pfefferminzlikör, Limonensaft & Früchte*
Cubanito	*Limonensaft, Zucker und Kakaolikör*
Isla de Pinos	*Vermouth, Zucker und Grapefruitsaft*
Mary Pickford	*Ananassaft und Granatapfelsirup*
Piña Colada	*Ananassaft, Kokosnusscreme*
Saoco	*Kokosmilch*
Zombie	*drei verschiedene Rumsorten, Zitronen-und Orangensaft, Granatapfelsirup und Früchte*

Die drei wohl bekanntesten Rum-Mixgetränke sind Cuba Libre, Daiquiri und Mojito:

Cuba Libre

Der weltweit beliebte Cuba Libre wurde von US-Soldaten im Verlauf des zweiten Unabhängigkeitskrieges kreiert: Einfach 60 ml Rum mit Cola auffüllen und zwei oder mehr Eiswürfel beigeben.

Daiquiri

In der Nähe der gleichnamigen Ortschaft erfunden, ist dieser Cocktail denkbar einfach zuzubereiten: 4 EL Zucker in der gleichen Menge Limettensaft auflösen und diesen mit im Mixer durch 3 EL zerriebenem Eis versetzten 45 ml Rum mischen. Fertig.

Mojito

Afrocubanische Zwangsarbeiter sollen bereits vor Jahrhunderten auf die Idee gekommen sein, Rum mit Minze zu mischen. Ihre Peiniger waren von der Mischung angetan und ergänzten sie mit Limettensaft.

Zutaten: Saft einer halben Limone, 1 TL Zucker, 5 Minzblättchen, 6 cl weißer Rum, gestoßenes Eis und Sodawasser.

Idealerweise werden kleine, dunkelgrüne (kreolische) Limetten verwendet, die in Europa nur schwer zu bekommen sind. Die für Mojito am besten geeignete Minzsorte wird auf Cuba yerbabuena (wörtlich: gutes Kraut) genannt.

Salud!
Wohl bekomm's!

In einem Cocktailglas den Zucker mit dem Limonensaft gut verrühren, Minzblättchen beigeben und mit einem Löffel leicht zerdrücken. Das ganze mit Eis, Rum und Sodawasser auffüllen, umrühren und mit weiteren Minzblättchen garnieren.

Verdauung & Klo

Wer die Toilette sucht, fragt: **¿Dónde está el baño?** (baño bedeutet im Spanischen nicht nur Bad, sondern auch Klo) oder **¿Por dónde están los servicios?**

Um den Freunden mitzuteilen, dass man mal eben austreten muss, drückt man sich folgendermaßen aus:

Me voy al baño.	**Voy a mear.**
Ich gehe zum Bad.	Ich gehe pinkeln.

Hier einige Slangbegriffe, die sich auf die diversen Ausscheidungen beziehen:

	caca	Scheiße
Ausfluss des Bauches	**flujo de vientre**	Dünnschiss
	hacer pipi	Pipi machen
	jiñar	scheißen
	mea'o	Urin
	mear	pinkeln
Grenzstein	**mojón**	Kackwurst
den Pfahl pflanzen	**plantar la estaca**	kacken

Eine Reihe von Ausdrücken bezeichnet das Entweichen von Darmgasen:

	cuesco	lauter Furz
	largar pedos	pupsen
	pedo / pe'o	Furz
	peer	furzen
tirar = *schießen*	**tirarse pedos**	Fürze lassen

Krank sein

Cuba ist zu Recht stolz auf sein Gesundheitssystem. Krankheiten wie Gelbfieber, Malaria und Lepra, von denen andere tropische Länder heute noch geplagt werden, sind seit langem eliminiert.

Die Säuglingssterblichkeit konnte nach der Revolution von über 60 auf etwa 7 pro 1000 Geburten gedrückt werden – einer der weltweit niedrigsten Werte.

Cubaner haben heute eine durchschnittliche Lebenserwartung von 76 Jahren. Die inzwischen verbreitetsten Todesursachen sind, wie sonst nur in reichen Industrieländern, Herzleiden, Schlaganfälle und Krebs.

Auf Cuba gibt es heute über 400 Kliniken und fast 300 Krankenhäuser.

Die medizinische Versorgung der cubanischen Bevölkerung ist wie die von ausländischen Besuchern vorbildlich. Die Mediziner sind hervorragend ausgebildet und die Notfallkliniken haben rund um die Uhr geöffnet. Heilbehandlungen sind wie auch Abtreibungen für alle Cubaner kostenlos.

Ein großes Problem stellt die Versorgung mit medizinischem Gerät und Arzneimitteln dar. Zwar bekommen Cubaner Standardmedikamente wie etwa Aspirin für Pesos, teuer importierte Medizin hingegen ist nur für US$ zu haben. Von regelmäßig benötigten Medikamenten sollte der Reisende daher einen ausreichenden Vorrat mitbringen. Cubanische Kliniken werden sich freuen, wenn man ihnen die brauchbaren Restbestände der Reiseapotheke überlässt.

catarro = *Erkältung*	**catarriento**	schwere Grippe
	cuca	Schmerz
(übliche Aussprache von doctor)	**dotol/dotor**	Arzt
	estar mal de la cabeza	verrückt sein
	flaquencia	Magerkeit
	garraspera	entzündeter Rachen
	matungo	Unwohlsein
chinesischer Arzt	**médico chino**	Naturheilkundler
moco = *Rotz*	**moquera**	schwere Erkältung
	muelmo/muermo	schlimme Grippe
	ñáñara/ñáñaroso	jemand, der ständig an diversen Zipperlein leidet
	pacienta	Patient
	padrejón	Arzt
parir = *gebären*	**paritorio**	Kreißsaal
	patatún	Schwächeanfall
pena = *Leid*	**penita**	leichter Schmerz
	pupa	Schmerz (Kindersprache)
rascar = *kratzen*	**rasquera**	entzündeter Rachen
	retorcijón	Bauchschmerzen
	sirimba	Schwächeanfall

Drogen

Auf Cuba sind, abgesehen von Alkohol und Tabak, alle Rauschmittel verboten. Handel, Besitz oder bloßer Konsum werden mit drakonischen Strafen geahndet.

Drogensüchtige werden interniert und bei intensiver medizinischer und psychologischer Betreuung auf Zwangsentzug gesetzt. Im Wiederholungsfall droht ihnen eine abermalige Entzugstherapie und eine langjährige Haftstrafe.

Marihuana wird von seinen Konsumenten gerne als maría oder yerba (Gras) bezeichnet. Gängige Ausdrücke für Haschisch-und Marihuana-Zigaretten sind: anfobri, joint, maní *(Erdnuss)*, pito *(Trillerpfeife)*, porro *(Tölpel)*, punto rojo *(roter Punkt)*, puro *(Zigarre)*, taco *(Stock)*, varillo *(Stäbchen)*.

In den Metropolen, wo die staatliche Überwachung nicht so lückenlos funktioniert, kann man inzwischen für ein entsprechendes Sümmchen jedwede der Menschheit bekannte Droge bekommen. Insbesondere die Zahl der Jugendlichen, die mit Cannabis-Produkten experimentieren, nimmt in letzter Zeit wohl merklich zu.

Einige cubanische Marihuana-Sorten sind:

apagona	*(Stromausfall)*
mulata de fuego	*(Feuermulattin)*
prieta	*(Dunkle)*
recapá	
manteca *(Fett)*	Marihuana (allgemein)

meterse pa' dentro
(sich nach innen begeben)
Reise in die innere Welt

El socio tiene una prieta que eso sí es tremenda manteca.
Der Kollege hat eine Dunkle, die hartes Fett darstellt.
Der Typ hat ein geiles Kraut.

Die lockere Sprache des Alltags

Hier eine Sammlung allgemeiner, lockerer Ausdrücke mit dem Versuch, sie zu sortieren.

Begrüßen

Von den üblichen Begrüßungsformeln gibt es zahllose Abweichungen:

Buen día statt **Buenas dias**
(Guten Tag) (Gute Tage)

Hola, (muy) buenas
statt
Buenas dias / tardes / noches

¿Qué bolá?
Was ist Sache?
Was geht ab?

¿Cómo va?
Wie läuft's?

¿Qué bolá asere y el curralo?
Was geht ab, Alter? Was macht der Beruf?

¿Cómo está la gente por el gao?
Wie sind die Leute im Haus?
Wie geht's deinen Leuten?

¿Cómo está la mecánica?
Wie ist die Mechanik?
Wie geht's sonst so?

¿Cómo estás y el trabajo?
Wie geht's und was macht der Job?

Dime consorte, ya hiciste el chen?
Sag mir Genosse, hast du den Deal schon gemacht?
Sag' mal Kumpel, laufen die Geschäfte?

¿Oye papi y la bolaita qué?
Hör mal Vati, und was ist mit dem Bällchen?
Ey Alter, was geht denn so?

¿Qué me cuentas?
Was erzählst du mir?
Was gibt's Neues?

¿Qué tal?
Wie geht's?

¿Qué hay (de nuevo)?
Was gibt's (Neues)?

¿Qué hay tú?
Was geht mit dir?

¿Qué pasa (contigo)?
Was läuft (bei dir so)?

¿Qué va?
Was geht ab?

¿Qué vuelta y la pincha?
Was dreht sich und die Maloche?
Was läuft so im Betrieb?

Die **guapos de la calle** (Angeber; wörtlich: die Schönen der Straße) pflegen wie auch in anderen Ländern ihren eigenen Umgangsstil, was beispielsweise in lässigen Anreden untereinander zum Ausdruck kommt. Die folgenden Begriffe kann man allesamt mehr oder weniger mit „Kumpel" übersetzen:

	ambia	
(La Habana)	**asere**	
(Ostcuba)	**bicho**	Tierchen
	caballo	Pferd
	chamaco	
	chévere	Hübscher
	chico	Kleiner
(auf dem Lande)	**comay**	
	compa(ñero)	Genosse
(auf dem Lande)	**compay**	
	consorte / consortón	
(Afrocubaner	**cúmbila**	
untereinander)	**ecobio**	
	familia	Familie
	Eres mi familia.	Du bist meine Familie.
	fiera	Raubtier
	monina	
	niño	Kind
	social	
	socio	Partner
	yénica	

Hier noch zwei besonders gangstermäßige Slang-Sprüche:

Eres mi sangre.
Du bist mein Blut.

Mato por ti.
Ich bin bereit, für dich zu töten.

Ich töte für dich.

Verabschieden

Auch hier wieder zahlreiche Variationsmöglichkeiten:

¡'ta luego! und **¡Hasta luegito!**
statt
¡Hasta luego! (Auf bald!)

Chao	Tschüß
Chaocito hijito	Tschüßi, Söhnchen
Hasta pronto	Bis bald
Nos vemos	Wir sehen uns
¡Qué te vaya muy bien!	Lass dir's gut gehen!

Red keinen Mist!

Die folgenden Ausdrücke dienen dazu, einem Mitmenschen mehr oder weniger höflich nahe zu legen, das eben Gesagte noch einmal zu überdenken oder aber einfach die Klappe zu halten. Sie können jedoch auch als gar nicht böse gemeinte Floskeln in eine Unterhaltung einfließen.

Kusch!	**¡Achanta!**	Klappe!
Halt einen Monat inne!	**¡Aguanta un mes!**	Moment mal!
	¡Amos anda!	Komm, hör' auf!
	¡Amos, no tires pegotes!	Mensch, übertreib nicht!
	¡Cállate!* **¡Calla la boca!**	Halt die Klappe!
	¡Cállate de una puta vez!*	Halt endlich das Maul!
zerknüllen	**chafar**	zum Schweigen bringen
warm essen	**comer caliente**	sich zusammenreißen
Kürz die Rolle, Onkel!	**¡Corta el rollo, tío!***	Sei ruhig, Alter!
Wirf den Verschluss!	**¡Echa el cierre!***	Halt den Mund!
	Me arrebatas.*	Du nervst mich.

Nicht von der Perücke reden! **¡Ni hablar del peluquín!**
Das kommt überhaupt nicht in Frage!

Nicht einmal das tote Kind! **¡Ni que niño muerto!**
Davon will ich nichts mehr hören!

Spritz mir nichts rein!	**¡No digas chorradas!***	Red keinen Scheiß!
	¡No me jeringues!	Lass mich in Ruhe!
Fick mich nicht!	**¡No me jodas!** **¡No me singes!**	Erzähl mir keinen Scheiß!
Was für eine Rolle!	**¡Qué rollo!**	Langweilig!
	¡Sio!	Halt den Rand!
	¡Tírate de la moto!	Schmeiß dich vom Motorrad!
	¡Tú, tranquillo!	Du bist schön still!

Verschwinde!

¡Date una vuelta!	Mach dich dünn!	*Gib dir 'ne Drehung!*
¡Lárgate!*	Hau ab!	
¡Llevatelo viento de agua!*	Verpiss dich!	
perder el culo	Hals über Kopf abhauen	*den Hintern verlieren*
¡Pierdate!*	Verschwinde!	*Verlier dich!*
¡Pirate!*	Zieh Leine!	

Oft wird einem Störenfried auch gleich eine Empfehlung mitgegeben, wohin genau er sich doch bitte begeben möge:

¡Vete ...!**
Scher dich ...!

... a pintar monos	zum Affenanmalen
... al carajo	zum Penis
... al diablo	zum Teufel
... a hacer gárgaras	zum Gurgeln
... al infierno	zur Hölle
... a la mierda	zur Scheiße
... pa' la pinga	zum Pimmel
... a la porra	zur Keule
... a singar por (el) culo	zum Arschficken
... pa' la tranca	zum Knüppel (=Pimmel)

Ärger machen und welchen haben

zerdrücken	**acojonar**	einschüchtern lassen
	achantar	jemanden einschüchtern
	chafar	den Spaß verderben
	chinchar	belästigen
bronca = *Krach*	**echarle la bronca a alguien**	jemandem Ärger machen
	encabronarse	wütend werden
	empingarse	sich aufregen
es ihm hart geben	**darle duro**	jemanden ordentlich vertrimmen
Brennholz geben	**darle leña a alguien**	jemanden durchprügeln
eine Milch geben	**dar una leche**	jemandem eine reinhauen
cara = *Gesicht*	**echar en cara algo**	etwas vorwerfen
	galleta	Ohrfeige
champú = *Shampoo*	**galleta de champú**	saftige Ohrfeige
Drehe, du wirkst starr!	**¡Gira que te veo fijo!**	Reiß dich zusammen!
	hacer de tonto/bobo	sich dumm benehmen
schädigen	**hacerle la cusqui**	jemanden nerven
zum Explodieren bringen	**hacerle explodar a alguien**	jemanden zur Sau machen
wichsen	**hacerle la puñeta**	jemanden schikanieren
zu Pulver machen	**hacerle polvo a uno**	jemanden fertig machen
	hacerse el bobo	sich absichtlich dumm anstellen
aufblasen	**hinchar**	anmachen
	jorobar	belästigen
	leñazo	Prügel
	dejar colgado a alguien	jemanden hängen lassen
	merengar	auf die Nerven gehen
	piñazo	(Faust-)schlag
	métele	jemanden ordentlich vertrimmen

El da mucho que hablar.
Er gibt viel Gesprächsstoff.
Man spricht viel von seinem Benehmen.

Eres un obsorbo.*
Du taugst zu gar nichts.

Eres un punto incomodo.
Du bist ein unangenehmer Punkt.
Dein Benehmen ist unter aller Sau.

estar en candela
in Feuer sein
sich aufregen

estar en la ruina
ruiniert sein
im Arsch sein

estar absorba'o
absorbiert sein
im Arsch sein

Estas descabezado.
Du bist völlig irre.

descabezado = *kopflos*

Estoy en candela con la pura.
Bin mit der Reinen im Feuer.
Hab' Stress mit Muttern.

¡Me estoy cabreando!
Das ärgert mich!

¡Murió!
Es ist gestorben!
Es reicht!

¡Murió el cochino!
Das Schwein ist gestorben!
Da haben wir den Salat!

moña = Zierschleife

¡Oye no estoy pa' la moña esa!
Pass mal auf, ich hab' keinen Bock auf diesen Mist!

Denk an meine Nummer!

¡Ponte pa' mi numero!
Reiß dich zusammen!

poner = legen

Pon tu pensamiento en mi!
Obacht, denk an mich!

Entspann dich und kooperiere, denn du wirkst angespannt.

Relájate y coopera que te veo tenso.
Bleib geschmeidig.

Te han liao.
Sie haben dich gelinkt.

Te pones fula.
Du verlierst die Haltung.

mit Zitrone berühren

puñetería	beschissene Lage
putada	miese Aktion
tocar con limón	verdreschen
trompón	harter Hieb

Um auszudrücken, dass man eine gewünschte Auskunft nicht zu geben vermag oder von irgendetwas absolut keinen Schimmer hat, gibt es eine ganze Reihe von kreativen Konstruktionen nach folgendem Muster:

No tengo ni ... Ich habe nicht einmal ...

... puñetera idea	verdammte Idee	
... puta idea	verhurte Ahnung	puta = *Hure*
... zorra idea	fuchsigen Schimmer	zorra = *Füchsin*

Etwas begreifen

aclarar	verklickern	*aufklären*
¡Acláramelo!	Erklär' es mir!	
enterarse	begreifen	*sich überzeugen*
¡Imagínate!	Stell dir vor!	
¡Ujú!	Aha!	

Verwirrung, Überraschung und Staunen

aturrullarse	in Verwirrung geraten	
¡Chúpate esa!	Da legst di' nieder!	*Lutsch dir jenes!*
¡Fíjate!	Stell dir vor!	
estar chafado	sprachlos sein	*den Mund gestopft haben*
estar mosca	argwöhnen	*Fliege sein*
¡Menos mal!	Wenigstens etwas!	*Weniger schlecht!*
¡Mirale!	Sieh an!	
¡No me digas!	Was du nicht sagst!	
¡Ño!	Das ist ja 'n Ding!	
olerse la tostada	argwöhnen	*den Toast riechen*
perder la cabeza	den Kopf verlieren	
perder los papeles	die Fassung verlieren	*die Papiere verlieren*
¡Qué cosa más grande!	Das ist ja 'n Ding!	*Was für eine große /*
¡Qué cosa más rara!		*seltene Sache!*
¡Tiene cojones la cosa!	Das ist ja 'n dickes Ding!	*Die Sache hat Hoden!*
¡Vea!	Schau an!	*(nur in den Ostprovinzen)*

Zustimmen

Wörtlich	Spanisch	Deutsch
	¡Anjá!	Jawohl!
	¡Así me gusta!	So gefällt es mir!
Nimm den kürzesten Weg!	**¡Ataja!**	Hau rein!
	¡Claro que sí!	Na klar!
	¡Equelecúa! *(von* Eleggúa, *einer afrocubanischen Gottheit)*	So ist es!
Das sage ich!	**¡Eso digo yo!**	Das ist auch meine Meinung!
Das ja!	**¡Eso sí!**	Das schon!
(Wortspiel mit verdad = *Wahrheit)*	**¡Es verdura!**	Das stimmt!
	¡Legal!	Das ist wahr!
	¡Mandacojones!	Na gut, gehen wir's an!
	¡Ocá!	Jawohl!
Offiziell!	**¡Oficial!**	Ausgezeichnet!
	¡Vale!	In Ordnung!

Ablehnen

Wörtlich	Spanisch	Deutsch
Hier endet das Gespräch.	**Ahí quedó la conversación.**	Mir reicht's.
Zum Arschficken!	**¡A tomar por culo!**	Für'n Arsch!
	¡Ca!	Von wegen!
	Chirrín, chirrán	Das Spiel ist aus!
	¡Chorrada!	Quatsch!
	¡Chuculún!	Stuss!
	¡Cohete!	Da hab' ich mir was eingebrockt!
Davon gar nichts!	**¡De eso nada!**	Davon will ich nichts mehr hören!
Das ist für mich keine Überraschung!	**Eso no me pilla de sorpresa.**	Das lässt mich kalt.
	Esto me trae frito.	Das ist mir ein Gräuel.
fósforo = *Feuerzeug*	**¡Fósforo!**	Auf keinen Fall!
	¡Fuácata!	So ein Scheiß!

¡(Le zumba el) aparato!	O Gott!	*Dem schwirrt der Apparat!*
¡Manda pinga esto!		pinga = *Pimmel*
Me fastidia.	Das ekelt mich an.	
Me joroba.	Das belästigt mich.	
¡Nananina!	Vergiss es!	*von* nada = *nichts*
¡Napias!	Denkste!	
¡Narices!	Nicht mal im Traum!	*Nasen!*
¡Ni carajo!	Im Leben nicht!	*Nicht mal Penis!*

¡No me toques los cojones!
Geh mir nicht auf den Sack!

Fass meine Hoden nicht an!

¡Ñinga!	Nix gibt's!	
p'al gato	für die Katz'	*für den Kater*
¡(Pa' su) escopeta!	Zum Teufel!	*escopeta = Flinte (Penis)*
¡Plancha'o!	Mist!	*von* planchar = *bügeln*
¡Por los cojones!	Für'n Arsch!	*Für die Hoden!*
¡Qué bárbaro!	Ungeheuerlich!	*Wie barbarisch!*
¡Qué va!	Ach was!	
s'acabó	Schluss mit lustig	*es hat aufgehört*
¡Tócame los cojones!	Leck mich am Arsch!	*Streichel mir die Eier!*
¡Ya decía yo!	Ich dachte es mir doch!	*Sagte ich schon!*

Ist mir einerlei!

Eine ganze Reihe kurzer und oft gebrauchter Ausdrücke hilft dabei, Gleichgültigkeit auszudrücken:

¡(Me) da igual!
Ist (mir) egal!

¡Da lo mismo!
Ist das gleiche!

Es(t)o no (me) importa nada.
Das interessiert (mich) überhaupt nicht.

nada = *nichts*

Ich enthaare es mir!	**¡Me la pelo!**	Ist mir scheißegal!
Ich schwitze es aus!	**¡Me la sudo!**	Ist mir schnuppe!
	¡Qué más da!	Was soll's!
	¡Qué sé yo! / ¡Yo, qué sé!	Was weiß ich!

Wenn jemanden etwas nicht die Bohne interessiert, kann er dies wie im Deutschen unter Bezugnahme auf Gemüse ausdrücken:

¡No me importa ni un pepino/rábano!
Das ist mir so egal wie eine Gurke/ein Rettich!

Glück und Pech

	aché	Glück
	de chiripa	zufällig
du bist geplatzt	**estás reventado**	du bist ein Glückspilz
vara = *Rute*	**Me han dado una vara.**	Man hat mir eine Lektion erteilt.
	meter la pata	ins Fettnäpfchen treten

Du hast Penis-mäßiges Glück!

Tienes una suerte de pinga!
Du hast vielleicht einen Dussel!

Gelaber

	chacharear	schwatzen
	chamullar	radebrechen
	chisme	Klatsch
	chismosear	tratschen
	chivato	Petze
	cotillear	klatschen
Papagei	**cotorra**	Schwätzerin

cotorrear	brabbeln	*cotorra = Papagei*
darle a la lengua	quasseln	*der Zunge geben*
dar mucha muela	labern	*viel Backenzahn geben*
desembuchar	ausplaudern	
escupir	ausspucken	
tomar el pelo	verarschen	*das Haar nehmen*
largar una barbaridad	mit einer Dummheit herausplatzen	

¡Me lo vas a decir a mí! *Das wirst du mir sagen!*
Mir brauchst du das nicht zu sagen!

Tu hablas más que ...
Du bist geschwätziger als ...

... un cao. ... ein Vogel.
... una cotorra. ... ein Papagei.

¡No me des lata!
Laber mich nicht zu!

¡No me resinges!
Schwafel mich nicht voll!

Klauen, Betrügen, Lynchen

Hier einige Ausdrücke aus dem (Klein-)Gangster-Milieu:

guindar	klauen	*hinaufwinden*
hurtar	linken	
levantar	abräumen	*aufheben*
mangar	stehlen	
tumbar	töten	*umwerfen*

Maloche und Geschäftchen

In wirtschaftlich harten Zeiten sind Cubaner gezwungen, ihr berühmtes Kommunikations- und Improvisationstalent im täglichen Überlebenskampf einzusetzen.
Die Erleichterung privatwirtschaftlicher Aktivitäten hat Heerscharen von, oft am Rande der Legalität agierenden, cuentapropistas (Selbständige), jineteros (Touristennepper) und „gente que se dedican a esos negocios" (Leute, die sich um „jene" Geschäfte kümmern, d.h. Schmuggler, Schieber und andere Scharlatane) hervorgebracht.
Denen, die einem regulären Beruf nachgehen, ist ihr Arbeitsplatz nicht nur Einkommensquelle, sondern auch ein Ort der Kommunikation, an dem Freundschaften geschlossen, Klatsch ausgetauscht und diverse Deals angebahnt werden.

	chen	Business
saugen	**chupar**	schmarotzen
roh	**crudo**	schwierig
	descornarse	hart arbeiten
verschleißen	**desgastarse**	sich verausgaben
Fett	**engrase**	Schmiergeld
im Feuer sein	**estar en llama**	gestresst sein
zu Pulver gemacht	**estar hecho polvo**	völlig kaputt sein
	forrarse	viel Geld scheffeln
	librar	freien Tag haben
die Spinne totschlagen	**matar la araña**	rumhängen
Stachel	**pincha**	Maloche

ponerse las pilas	sich aufraffen	*die Batterien einlegen*
quedarse frito	müde sein	*gebraten sein*
romperse los codos	hart studieren	*sich die Ellbogen brechen*
romperse los cuernos	sich den Arsch aufreißen	*sich die Hörner brechen*
trapichero	unsauberer Deal	

¡Entrame con lo mio!
Gib mir, was mir zusteht!

Tritt mit meinem Zeug ein!

¿Por fin transamos o no?
Steht der Deal oder nicht?

transar = *Geschäfte machen*

Wohnung und Einrichtung

Cubanische Adressen werden folgendermaßen angegeben: Auf den Straßennamen folgt die Hausnummer, die durch ein „N." oder „#" angezeigt wird. Anschließend steht entweder „esq." für esquina (Ecke) und der Name der jeweils kreuzenden Straße oder „e/" für entre (zwischen) und zwei Straßennamen. Dann kommt gegebenenfalls eine Apartmentnummer, „altos" (1. Stock) oder „bajos" (Erdgeschoss), danach der Name des Viertels (reparto) und am Ende der Ort. Hier einige Slangbegriffe, die vom Hochspanischen abweichen:

cabaña	Bungalow
cuarto	Schlafzimmer
escaparate	Kleiderschrank
gao	Haus
lecho	Bett
reparto	Stadtviertel

Weitere viel gebrauchte Wörter & Ausdrücke

ahora mismo	jetzt sofort
apendejamiento	Feigheit
bembas	(wulstige) Lippen
candela	Feuer
caramelo	Bonbon
champelona	Schnuller / Lutscher
chupachupa / chupeta	Lolli
choteo	Scherz
elevador	Fahrstuhl
fulano	jedermann
guajiro/a	Provinzler
guarida	Zuflucht
El Norte	die USA (der Norden)
Me provoca ... (*... reizt mich.*)	Ich hab' Bock auf ...
pena	Leid / Pein
pirulí	Lolli
pura	Mutter
puro (puro = *rein*)	Vater / Zigarre / Joint
tabaco	Zigarre
vidriera	Schaufenster
yuma	reiches Ausland (vor allem die USA) / reicher Ausländer
son cubano	Salsamusik
rumbero	besonders rhythmischer Musiker

Wie viele Stunden sind es? **¿Qué horas son?**
Wie spät ist es?

Hast du die Stunde? **¿Tienes hora?**
Wie viel Uhr ist es?

Gestik und Mimik

Cubaner kommunizieren sehr lebhaft, reden quasi mit Händen und Füßen. Gesten und das Anfassen des Gesprächspartners gehören zu jeder gelungenen Konversation:

Wer Leute beobachtet, die sich angeregt unterhalten, wird schnell typische Haltungen und Bewegungen erkennen. Man geht sehr dicht aneinander heran, berichtet ausführlich, beleuchtet eine Sache von mehreren Seiten. Die jeweilige Aussage wird durch heftige Bewegungen der Arme und Hände unterstrichen.

Bei besonders gewichtigen Argumenten bremst der Sprecher sein Gegenüber, fasst ihn am Arm, dreht ihn zu sich und spricht mit besonders viel Nachdruck auf ihn ein.

Cubanischer Ethnomix

Dass Cuba ein Schmelztiegel der Hautfarben ist, zeigen die vielen Begriffe des cubanischen Spanisch, die zur Bezeichnung der vielen verschiedenen Teints verwendet werden:

Rubio (hell), trigueño (bräunlich), mulato (braun), mulatón (dunkel), negro (sehr dunkel) und prieto (fast schwarz) sind nur eine grobe Abstufung der allen geläufigen Farbskala zwischen „Weiß" und „Schwarz".

	blanconazo	heller Mulatte
	capirro	dunkler Mulatte
	chino	asiatische Gesichtszüge & dunkle Haare
	jaba'o / jábico	dunkler Mulatte
	macrí	helle Haut und negrides Haar
Inneres der Kokosnuss	**masa'e coco**	sehr helle Haut
	moreno	Mulatte
	mulatón	dunkel
	narra	chinesischer Menschenschlag
	negro	fast schwarze Haut
	nichaldo / nichardo	Afrocubaner
gutes Haar	**pelo bueno**	weiches europäisches Haar
	pelo malo	negrides Haar
canela = *Zimt*	**pielcanela**	zimtfarbene Haut
	prieto	schwarze Haut
	rubio	helle Haare
Dachziegel	**teja**	negrides Haupthaar
	tizón	sehr schwarze Haut
	trigueño	europäischer Typ mit dunklerer Haut

La „charada cubana"

Die Scharade (charada), ein eigentlich verbotenes Zahlen-Glücksspiel à la Bingo, sorgt dafür, dass Cubaner die Zahlen von eins bis 100, etwa bei Preisangaben gerne durch Symbole ausdrücken. Die Bezeichnungen bis 25 sind dabei auch denen ein Begriff, die selbst nicht Scharade spielen:

1:	**Caballo**	(Pferd)
2:	**Mariposa**	(Schmetterling)
3:	**Niño Chiquito**	(Kleines Kind)
4:	**Gato**	(Kater)
5:	**Monja**	(Nonne)
6:	**Jicotea**	(Schildkröte)
7:	**Caracol**	(Schnecke)
8:	**Muerto**	(Toter)
9:	**Elefante**	(Elefant)
10:	**Pescado Grande**	(Großer Fisch)
11:	**Gallo**	(Hahn)
12:	**Mujer Bonita**	(Schöne Frau)
13:	**Pavo Real**	(Pfau)
14:	**Cementerio**	(Friedhof)
15:	**Perro**	(Hund)
16:	**Toro**	(Stier)
17:	**Luna**	(Mond)
18:	**Pescado Chico**	(Kleiner Fisch)
19:	**Lombriz**	(Regenwurm)
20:	**Gato Fino**	(Zierlicher Kater)
21:	**Majá**	(Schlangenart)
22:	**Sapo**	(Kröte)
23:	**Vapor**	(Dampf)
24:	**Paloma**	(Taube)
25:	**Piedra Fina**	(Schmuckstein)
26:	**Médico Joven**	(Junger Arzt)

27:	**Avispa**	(Wespe)
28:	**Chivo**	(Hammel)
29:	**Ratón**	(Maus)
30:	**Camarón**	(Krabbe)
31:	**Venado**	(Hirsch)
32:	**Cochino**	(Schwein)
33:	**Madre**	(Mutter)
34:	**Mono**	(Affe)
35:	**Araña**	(Spinne)
36:	**Cachimba**	(Tabakpfeife)
37:	**Bruja**	(Hexe)
38:	**Dinero**	(Geld)
39:	**Conejo**	(Kaninchen)
40:	**Cura**	(Priester)
41:	**Lagartija**	(Mauereidechse)
42:	**Pato**	(Ente)
43:	**Alacrán**	(Skorpion)
44:	**Zapato**	(Schuh)
45:	**Presidente**	(Präsident)
46:	**Guagua**	(Bus)
47:	**Pájaro**	(Vogel)
48:	**Cucaracha**	(Küchenschabe)
49:	**Borracho**	(Besoffener)
50:	**Policía**	(Polizei)
51:	**Soldado**	(Soldat)
52:	**Bicicleta**	(Fahrrad)
53:	**Luz Eléctrica**	(Elektr. Licht)
54:	**Flores**	(Blumen)
55:	**Cangrejo**	(Landkrebs)
56:	**Reina**	(Königin)
57:	**Cama**	(Bett)
58:	**Cuchillo**	(Messer)
59:	**Loco**	(Verrückter)
60:	**Huevo**	(Ei)
61:	**Arróz**	(Reis)
62:	**Matrimonio**	(Ehe)
63:	**Asesino**	(Mörder)

64:	**Relajo**	(Durcheinander)
65:	**Comida**	(Essen)
66:	**Tarro**	(Stier)
67:	**Puñalada**	(Dolchstoß)
68:	**Riña**	(Streit)
69:	**Pozo**	(Brunnen)
70:	**Coco**	(Kokosnuss)
71:	**Río**	(Fluss)
72:	**Collar**	(Halskette)
73:	**Maleta**	(Koffer)
74:	**Militar**	(Militär)
75:	**Guitarra**	(Gitarre)
76:	**Bailarina**	(Tänzerin)
77:	**Muletas**	(Geldscheine)
78:	**Sarcófago**	(Sarkophag)
79:	**Tren de carga**	(Lastzug)
80:	**Médico Viejo**	(Alter Arzt)
81:	**Teatro**	(Theater)
82:	**León**	(Löwe)
83:	**Tragedia**	(Tragödie)
84:	**Sangre**	(Blut)
85:	**Reloj**	(Armbanduhr)
86:	**Tijeras**	(Scheren)
87:	**Platano**	(Kochbanane)
88:	**Espejuelos**	(Brillen)
89:	**Casa Vieja**	(Altes Haus)
90:	**Viejo**	(Alter Sack)
91:	**Alpargata**	(Leinenschuh)
92:	**Avión**	(Flugzeug)
93:	**Sortija**	(Haarlocke)
94:	**Habana**	(Havanna)
95:	**Guerra**	(Krieg)
96:	**Puta Vieja**	(Alte Hure)
97:	**Grillo**	(Grille)
98:	**Piano**	(Piano)
99:	**Serrucho**	(Säge)
100:	**Automóvil**	(Auto)

Super, spitze, affengeil ...

Begriffe, die etwas Positives ausdrücken

	bárbaramente	enorm
	(super)buenísima	saugut
	chulo	cool
meisterlich	**de campeonato**	wunderbar
hodenmäßig	**de cojones**	glänzend
panisch	**de pánico**	enorm
	demonio	beeindruckend
	de primera	erstklassig
	divino	göttlich
	El es muy macho.	Er ist ein toller Typ.
	encantador	riesig
	espectacular	spektakulär
	estar de buenas	guter Laune sein
	estar en talla	gut ausschauen
wie das Radio	**como la emisora**	
	estupendo	toll
	fenomenal	phänomenal
	genial	genial
	(super)güay	prima
Mann mit behaarter Brust	**hombre de pelo en pecho**	tapferer Mann
	impresionante	beeindruckend
	magnífico	astrein
Es rollt mich ordentlich ein!	**¡Me enrolla cantidá!**	Es flasht mich total!
	pasarlo superbien	sich toll amüsieren
	riquísima	super
	sentirse macho	sich wohl fühlen
	taco	intelligent

tan ricamente	verdammt angenehm	*so lecker*
tremendo	sehr viel	*schrecklich*
Vacilamos cantidad.	Wir haben es uns gut gehen lassen.	

Begriffe, die etwas Negatives ausdrücken

adefesio	Unsinn	
afligido	kummervoll	
aloba'o	albern	
amargado	verbittert	
arrebata'o	hirnrissig	
apretado	in Bedrängnis	*gedrückt*
bobo	doof	
bruto	ungehobelt	
cagarruta	miese Sache	
cara de pocos amigos	abstoßendes Gesicht	pocos amigos *= wenige Freunde*
chiflado	abgedreht	
caminar con los codos	geizig sein	*auf den Ellbogen gehen (um Ärmel zu schonen)*
de mierda	beschissen	
¡Demonios!	Shit!	*Dämonen*
de carajo	schrottig	*penismäßig*
de pinga	wertlos	*pimmelmäßig*
de tranca	unter aller Sau	*schwanzmäßig*
descerado	unverschämt	
encogido	verrückt	
estar faja'o	schlimm dran sein	*verhauen sein*
golosería	Gier	
Me cae gordo.	Das stinkt mir.	*Das fällt mir dick.*
mal criado	schlecht erzogen	
muerto de hambre	Hungerleider	*tot vor Hunger*
necesitado	elendig	*bedürftig*

pobre = arm	**pobrecito**	armer Tropf
Was für 'ne Rolle!	**¡Qué rollo!**	Was für ein Mist!
	ridículo	lächerlich
rosca = *Gewinde*	**pasarse alguien de rosca**	zu weit gehen

Te pones como picone.
Scheint, dass du Streit suchst.

Ich sehe dich gelähmt. **Te veo pasma'o.**
Du wirkst bedrückt.

tipejo	asozial
tonto	dumm
torpe	schwerfällig

Kraftausdrücke und Bekräftigungen

Im Folgenden sind Begriffe abgedruckt, die im Laufe der Zeit ihre ursprüngliche (zotige) Bedeutung verloren haben und die jeder Cubaner gebraucht, um je nach Situation und Betonung Ärger, Verwunderung, Zustimmung oder Ablehnung auszudrücken:

	¡Cojones! / ¡Concho!	Hoden!
	¡Coño!	Fotze!
	¡Mierda!	Scheiße!
(manchmal „odje"	**¡Oye!**	Hör mal!
ausgesprochen)	**¡Que mierda!**	Was für eine Scheiße!
	¡Pinga!	Pimmel!
	¡Puta!	Nutte!

¡Me cago en la puta madre!
Ich scheiß auf die hurende Mutter!

¡Me cago en la madre que te parió!**
Ich scheiß auf die Mutter, die dich geboren hat!

¡Me cago en tú madre y toda tú decendencia!**
Ich scheiß auf deine Mutter und all deine (sonstigen) Vorfahren !

Die letzten beiden Ausdrücke sollte man unter keinen Umständen selbst verwenden, da sie (falsch betont) die ehrenrührigsten Flüche überhaupt darstellen.

Schimpfworte und Beleidigungen

Da in diesem Bereich die Mode schnell wechselt, kann wieder einmal nur eine Auswahl geboten werden. Die Übersetzungen stellen Annäherungen an das jeweilige Sprachniveau dar.

Für Männer

animal	Grobmotoriker	*Tier*
asqueroso*	Widerling	
boquetero	Gierschlund	
buitre	Geier	
cabrón	Saukerl	*Ziegenbock*
cabronzuelo*	Scheißkerl	
comemierda*	Scheißefresser	
comepinga*	Pimmelfresser	
cara de tranca*	Schwanzgesicht	
cara dura*	frecher Typ	*hartes Gesicht*

Zuhälter	**chulo**	Angeber
Schwein	**cochino***	Ekelpaket
	debilucho*	Weichei
	descarado	unverschämter Kerl
Huhn	**gallina***	Feigling
Hahn	**gallo***	Schlappschwanz
(*gesprochen:* atsche pe)	**guanajo**	Trottel
	HP *von* **hijo de puta**	Hurensohn
jamón = *Schinken*	**haragán**	fauler Sack
tote Hand	**jamonero**	Schmarotzer
schlechtes Blatt	**mano muerta**	Weichei
	mala hoja	Schlappschwanz
	mentiroso	Lügenbold
pegar = *kleben*	**pegajoso**	Klette
	pinguidulce	untreuer Süßholzraspler
plasta = *Pfusch*	**plasta de mierda***	Stück Scheiße
	remama'o	Depp
Ruine	**ruina**	ungehobelter Mensch
	tacaño	Geizknochen
	tarado	Idiot
	tarrú**	Gehörnter
	tonto	Döskopp
Klotz	**tronco**	Blödmann

Für Frauen

Die meisten der für Männer geeigneten Beleidigungen lassen sich durch Verwenden der weiblichen Endung „-a" auch auf Frauen münzen. Beispiel: Zum asqueroso (ekliger Typ) gesellt sich auf diese Weise das feminine Pendant, die asquerosa (eklige Tussi). Nur für

Frauen gebräuchlich sind folgende abwertende Begriffe, die sich meist auf promiskes Verhalten beziehen:

buscona	Frau mit vielen Lovern
chiquilla	unerfahrene Gans
fletera	leichtes Mädchen
guaricandilla	Flittchen
pendón	Flittchen
putilla*	leichtes Mädchen
putón	geiles Luder
temba	Frau in mittleren Jahren
tembona	wie temba, aber noch gut erhalten
vieja carroña*	alte Schachtel

Kleines

Für Homosexuelle

maricón**	warmer Bruder
yegua**	Schwuchtel (Stute)
machorra	alte Lesbe
maricona*	Lesbe
tortillera*	Lesbe

unfruchtbares Weib

tortilla = *Eierkuchen*

Schwule und Lesben hatten jahrzehntelang fast überall auf Cuba einen denkbar schweren Stand. Vom Staat wurden sie in vielen Bereichen diskriminiert, die Gesellschaft war gegenüber Schwulen und Lesben alles andere als tolerant. So waren Homosexuelle mehr als einmal von den Universitäten ausgestoßen worden.

Doch hat sich die Situation seit etwa 1990 spürbar verbessert. Homosexuelle haben zumindest in größeren Orten nicht mehr mit direkten Benachteiligungen zu rechnen. Ärger mit den Behörden bekommen sie nur, wenn diese einen promisken Lebensstil vermuten. Ein entsprechender Verdacht hat unweigerlich die Ladung in eine Amtsstube zur Folge. Allerdings ist es auf Cuba nach wie vor unvorstellbar, dass ein Homosexueller Mitglied der Regierung wird oder ein hohes Parteiamt bekleidet.

Beleidigungen, die dem Angesprochenen homosexuelle Neigungen unterstellen, gelten auch heute noch als besonders ehrenrührig und haben für gewöhnlich Handgreiflichkeiten zur Folge.

Für Ausländer

Die zur Bezeichnung von Ausländern gebräuchlichen Begriffe sind keine Schimpfwörter im engeren Sinn. Auch hier gilt: Der Ton macht die Musik.

(vor allem US-Amerikaner)	**gringo**	hellhäutiger Ausländer
	pepe	
	yuma	(reicher) Ausländer
(von Yankee*)*	**yanki**	US-Amerikaner

Lust & Liebe

Ein zu allen Zeiten und an allen Orten höchst interessantes Gebiet mit unzähligen Slang- und Szeneausdrücken.

Der Clou dabei ist, dass man nicht jeden Ausdruck in jeder Situation anwenden kann und insbesondere nicht unbedingt gegenüber dem anderen Geschlecht.

Beginnen wollen wir aber mit etwas Nettem, nämlich den unter Liebenden verbreitetsten Kosenamen:

sie zu ihm

caballo	Hengst	*Pferd*
cariño	Liebling	
campeón	Champion	
guapo	Schöner	
machi	kleiner Macho	
nené	Kindchen	
pachungo	Süßer	
papi / papito / pipo	kleiner Papa	
tata		

er zu ihr

belleza	Schönheit
capullo	Liebes
cariño	Liebling
guapa	Schöne
lindura	Schönheit

	mamasita / mami / mamita	kleine Mami
precioso = *wertvoll*	**preciosura**	Goldschatz
	princessa	Prinzessin
rico = *toll,schmackhaft*	**ricura**	tolle Frau
Tante	**tía**	Tussi
	titi	Äffchen

Tienes mucha ... *Du hast viel ...*
... candela. *Feuer.*
... mendó. *Power.*
... sandunga. *Reiz.*
... salsa. *scharfe Soße.*
Du bist eine heiße Frau.

Länger liierte Paare nennen sich gerne tesoro, tesorito (Schatz, Schätzchen), mi vida (wörtlich: mein Leben) oder mi amor (meine Liebe). Letztere Schmeichelei ist auch unter guten Freundinnen üblich.

Prostituierte

Da viele selbst um das Überlebensnotwendige kämpfen müssen, ist Prostitution relativ weit verbreitet: Las necesidades obligan (die Bedürfnisse zwingen), wie es auf gut cubanisch heißt.

Die jineteras und jineteros (Gelegenheitsprostituierte) an den Touristenstränden verlangen hin und wieder nicht direkt Geld für ihre Dienste, sondern hoffen, dass sie eine ihrer Liebschaften heiratet und mit ins Ausland nimmt.

Ein organisiertes Bordellwesen mit mafiösen Strukturen und Zuhältertum gibt es auf Cuba seit der Revolution nicht mehr.
Frauen, die der Prostitution gewerbsmäßig nachgehen, sind gesellschaftlich wenig geachtet und werden unter anderem folgendermaßen bezeichnet:

carretillera
pelandrusca
puntal / punto
puta*
ramera

Zwischengeschlechtliches

Viele der folgenden Begriffe sind recht deftig und sollten sehr sparsam oder gar nicht gebraucht werden!

atrasa'o	jemand, der lange	
atraso	keinen Sex hatte	
bayú	Bordell	
calentarse	sich aufgeilen	*sich erhitzen*
caliente	geil	*heiß*
cerebrista	jemand, der ständig an Sex denkt	
cortejar	den Hof machen	*corte = Hof*
dar jamón	Haut zeigen	*Schinken geben*
dar muela	wortreich angraben	*Backenzahn geben*

läufig	**descompuesta**	scharf
den Gipfel erklimmen	**echarse al pico**	rumkriegen
papaya = *Vagina*	**empapaya'o**	verknallt sein
pinga = *Pimmel*	**empingar**	sich verknallen
	enamorar	den Hof machen
blind sein	**estar ciego**	blind vor Liebe
cogido = *erwischt*	**estar cogido**	verknallt sein
festgehakt sein	**estar enganchado**	verliebt sein
perchero = *Garderobenschrank*	**fiesta de perchero**	FKK-Party
	guasabeo	Verliebtheit
	infraganti	in flagranti
jamón = *Schinken*	**jamonero**	Grapscher
	jeberío	willige Tussi
	jeva	Mädchen
	jinetero/a	Touristenanmacher(in)
verbinden	**ligar**	sich verstehen / rumkriegen
	maco	Spanner
(in Ostcuba)	**mate**	Zärtlichkeiten
	matearse	Zärtlichkeiten austauschen
Lochgucker	**mirahueco**	Voyeur
beißen	**morder**	küssen
süß pinkeln	**orinar dulce**	feuchte Träume
	petrolero	Weißer, der Afrocubanerinnen bevorzugt
pikant	**picantosa**	feurig
	piolo	Afrocubaner, die Hellhäutige bevorzugen
einen Stein platzieren	**poner una piedra**	beim Anbandeln helfen
	posada	Stundenhotel
	posadero	Betreiber eines Stundenhotels
(bei älteren Leuten)	**querindango**	Liebhaber
	rascabucheador	Spanner
	rascabuchear	spannen

remeneo
übertrieben „bitchiges" Auftreten

ruinera
Person, die sich dringend Sex wünscht

salido del tiesto
sich nicht dem Alter entsprechend benehmen

aus dem Blumentopf gegangen

sato	Mega-Macho
sesentinueve	Neunundsechzig
singar	rumhuren
tener lios con mujeres	in Weibergeschichten verwickelt sein
tocatoca	Fummelei

tocar = *berühren*

Geschlechtsteile

Wie in allen mir bekannten Sprachen gibt es auch im Cubanischen eine wahre Fundgrube an mehr oder weniger kreativen Bezeichnungen für die primären und sekundären Geschlechtsmerkmale:

Penis	
bicho	(Tierchen)
barra	(Barren)
barreta	(großer Barren)
cabilla	(Bolzen)
caoba	(Baumart)
escopeta	(Flinte)

estaca	(Pfahl)
flauta	(Flöte)
hierro	(Eisen)
leña	(Holz)
material / materialito	(Material)
machete	(Machete)
morronga	
nabo	(Rübe)
palo	(Stock)
palito	(Stöckchen)
picha	(Stange)
pinga	(Stab)
pirulí	(Lolli)
pito	(Trillerpfeife)
tolete	
tranca	(Knüppel)
tubo	(Rohr)

Hoden	
cojones	(Hoden)
huevos	(Eier)
pelotas	(Bälle)

Brüste	
pechos	(Brüste)
tetas	(Zitzen)

Vagina	
bacalao	(Kabeljau)
bembo	Schamlippe
chocha	
crica	
bollo	(Weichgebäck)

chocho		
concha	(Muschel)	
coño		
papaya	(Papaya)	
papo	(Wamme)	
pepita		
polla	(junge Henne)	*Achtung, in Spanien ist* polla *= Penis!*
raja	(Riss)	
raya	(Linie)	
vianda	(Speise)	
yuca	(Yucca)	

Geschlechtsverkehr

acostarse con alguien	mit jemandem schlafen	
aquello	Sex	*jenes*
cañona	Vergewaltigung	*Beschuss*
cañonear	vergewaltigen	*beschießen*
clavar	nageln	
comerse* / fumarse* a alguien	es jemandem besorgen	*jmd. essen / rauchen*
la cosa	Sex	*die Sache*
crema	Sperma	*Creme*
cuerazo / cuero	Quickie	
echar un palo / palito	einen Stock / ein Stöckchen wegstecken	
empujarse	(sich drücken)	
follar*	bumsen	
hacer cositas	(putzige Sachen machen)	
hacer el amor	(Liebe machen)	
hacer gucchi gucchi		
joder*	ficken	

	juntarse	(sich zusammentun)
Milch	**leche**	Sperma / Vaginalsekret
	limpiar el fusil	(das Gewehr reinigen)
	limpiar la chimenea	(den Schornstein reinigen)
	mojar	(befeuchten)
	singar	es treiben
	limpiar la escopeta	(die Flinte reinigen)
spalten	**partir**	entjungfern
	pasar por la piedra	(über den Stein gehen)
lähmen	**pasmar**	unterbrechen
	pegar tarros / cuernos	Hörner aufsetzen
Käse	**queso**	Sperma
kaputt machen	**romper**	deflorieren
	tarrear	Hörner aufsetzen
	templar*	(erhitzen)
	tirarse a uno*	(sich auf jmd. werfen)
venado = Hirsch	**vena'o / vena'íto**	Fremdgeher
	venirse	kommen (Orgasmus)

Besonders heftiges Kopulieren wird so umschrieben:

dar ... **	(... geben)
... barra	(Barren)
... cabilla	(Bolzen)
... cintura	(Taille)
... espuela	(Sporn)
... guiso	(Mahlzeit)
... linga	(Barren)

Masturbation

hacerse una paja	(sich einen Strohhalm machen)
masturbarse	(masturbieren)
pajéro*	Wichser
pajizo	Masturbation

Cunnilingus

bajar al pozo	(zum Brunnen hinabbeugen)
buzo	(Taucher)
hacer una mamada	(lutschen)
mamar	(saugen)
mamalón	(Sauger)
sesentinueve	Neunundsechzig

Fellatio

chupar	(lecken)
hacer una mamada	(lutschen)
mamalona	(Saugerin)
mamar pinga	(Pimmel saugen)
tocar la flauta	(die Flöte spielen)

Wortspiele

Häufig wird man auf Cuba so genannte juegos de palabras (Wortspiele) zu hören bekommen und diese mit ziemlicher Sicherheit nicht auf Anhieb verstehen. Männer verwenden gerne eigentlich harmlose Begriffe wie meter (hineinstecken) und sacar (herausziehen) für mehr oder weniger kunstvolle zweideutige Anspielungen, die normalerweise nicht böse gemeint sind.

Gerne werden bestimmte Wörter als Synonyme für ähnlich klingende, aber bedeutungsverschiedene Begriffe verwendet, zum Bleistift algodon (Baumwolle) anstelle von algo (etwas) oder verdura (Gemüse) statt verdad (Wahrheit).

Eine besonders kunstvolle Zweideutigkeit enthält folgender Ausdruck:

loco = *verrückt*, loquita = *Verkleinerungsform von* loco *für Frauen*

Yo loco-loco y tu loquita.
Ich plemplem und du kirre.

Der Clou ist nun, dass der Satz auch so verstanden werden kann:

colocar = *platzieren*

Yo lo coloco y tu lo quita(s).
Ich stecke ihn rein und du nimmst ihn wieder raus.

Cubanische Sprüche & Sprichwörter

Um ein Gespür für das Empfinden und Denken in einem fremden Kulturkreis zu bekommen, ist es hilfreich, sich mit dessen typischen Ausdrücken (expresiones), Zoten (dicharachos) und Sprichwörtern (proverbios oder frases sabias) zu befassen.

Hier eine Auswahl der auf Cuba besonders häufig gebrauchten Sprüchlein mit ihrer sinngemäßen, meist wörtlichen, Übersetzung ins Deutsche:

Redewendungen, Phrasen und Floskeln

a boca de jarro
am Mund des Kruges
in unmittelbarer Nähe

abrir la mano
die Hand öffnen
die Hand reichen

andar en boca de la gente
über den Mund der Leute gehen
von Mund zu Mund

¡Buena la has hecho!
Gut gemacht!

buscarle a uno la lengua / boca
die Zunge / den Mund von jemandem suchen
etwas aus jemandem herauskitzeln

caérse a uno el alma a los pies
die Seele fällt jemandem zu Füßen
mutlos werden

caérsele a uno la cara de vergüenza
schamrot werden

coger con las manos en la masa
mit den Händen im Teig erwischen
auf frischer Tat ertappen

con lágrimas en los ojos
mit Tränen in den Augen

con los brazos abiertos
mit geöffneten Armen

con toda el alma
von ganzer Seele

Cogelo suave pa' que se te dé.
Nimm's gelassen, damit man es dir gibt.
Um etwas zu bekommen, muss man es gelassen angehen.

cruzarse de brazos
mit verschränkten Armen

cumplir su palabra
sein Wort erfüllen
Wort halten

dar en el clavo
den Nagel auf den Kopf treffen

dar la cara
das Gesicht geben
die Stirn bieten

dar muela
Backenzahn geben
viel labern

dar su brazo a torcer
seinen Arm reichen, um einzulenken
nachgeben

de buenas a primeras / de repente
auf den ersten Blick

Donde no hay harina todo es disgusto / tristeza / miseria.
Wo es kein Brot (Mehl) gibt, ist alles öde.
(ist alles Missfallen / Traurigkeit / Elend)

echarse en brazos de uno
sich jemandem in die Arme werfen

echar un cabezaso
schlummern (cabeza = *Kopf*)

El hablar bien no cuesta dinero.
Gut sprechen kostet nichts.

El hombre propone y Dios dispone.
Der Mensch macht Vorschläge, aber der Herr verfügt.
Der Mensch denkt, Gott lenkt.

en un abrir y cerrar de ojos
Öffnen und Schließen der Augen
in einem Augenblick

eso es harina de otro costal
jenes ist Mehl aus einem anderen Sack
das steht auf einem anderen Blatt

estar como boca de lobo
wie der Mund eines Wolfes sein
sehr finster sein

estar con el alma en un hilo
mit der Seele an einem Faden
mit Hangen und Bangen

estar con los ojos bien abiertas
mit weit geöffneten Augen
wachsam sein

estar en estambay
(*von engl.* stand-by)
in der Schwebe sein

estar entre dos aguas
unschlüssig sein

estar en un aprieto
in Bedrängnis sein
in der Klemme sein

estar hecho un mar de lágrimas
ein Tränenmeer sein
ausweinen

estar más claro que el agua
heller als das Wasser
sonnenklar sein

Estás que pareces un puerco / un cochino.
So wie du aussiehst, wirkst du wie ein Schwein.
Du bist echt ein Ferkel.

Estoy en talla.
Ich bin up to date.

hablar para sus adentros
zu seinem Inneren sagen
bei sich sagen

hacer saltar las lágrimas
die Tränen springen lassen
ausheulen

hacer una de las suyas
sein (Un)Wesen treiben ,
eines von seinen Dingern bringen

¡Haz bien y no mires a quien!
Tue Gutes und schau nicht nach der Person!
Tue Gutes und dreh dich nicht um!

ir al frente
nach vorne gehen
sich vordrängen

irse al norte / irse pa' yuma
in die USA abhauen

llorando a lágrima viva
lebende Träne weinen
unter heißen Tränen

meter el hombro
die Schulter einsetzen
sich Mühe geben

Nadie diga de esta agua no beberé.
Niemand sage, dass ich nicht von diesem Wasser trinken würde.
Niemand soll sagen, dass ich mich das nicht getraue.

No pasa nada.
Passiert nichts.
Kein Problem.

¡No te preocupes!
Mach dir keine Sorgen!

partir el alma
die Seele zerteilt sich
das Herz brechen

perder el habla
die Sprache verschlagen (verlieren)

¡Prepárate pa' lo que viene!
Sei vorbereitet auf das, was kommt!

¿Qué bolá contigo?
Was willst du von mir?

¡Qué mala suerte!
Was für ein Pech!

sacarle el jugo a algo
den Saft von etwas entnehmen
das Beste herausschlagen

sentar cabeza
Kopf stabilisieren
Vernunft annehmen

sentir en el alma
sentir = fühlen
in der Seele weh tun

ser muy cabezón / terco
sehr großköpfig sein
seinen eigenen Kopf haben / ein Besserwisser sein

sudar más que un caballo
stärker schwitzen als ein Pferd

verse las caras / frente a frente
sich ins Gesicht schauen / Stirn zu Stirn
Auge in Auge

Sprichwörter

A candela brava no hay carapacho duro.
Gegen besonders wildes Feuer kommt man nicht an.

Agua que no puedes beber, dehala correr.
Wasser, das du nicht trinken kannst, solltest du weiterfließen lassen.

A un gustazo un trancazo.
Jemand, dem etwas Freude bereitet, schaut nicht auf die dadurch entstehenden Nachteile.

Aunque la jicotea zambulla, no es submarino.
Auch wenn eine Schildkröte untertaucht, ist sie noch lange kein U-Boot.

Chivo que rompe tambor, con su pellejo paga.
Der Hammel, der die Trommel zerstört, bezahlt mit seiner Haut.

De tal palo tal estilla.
Wie das Material, so das Ergebnis.

El perro huevero aunque le quemen, el hocio sigue siendo huevero.
Selbst wenn man einen Hühner stehlenden Hund mit Feuer straft, bleibt seine Schnauze die eines Hühnerdiebes.

El que no llora no mama.
Wer sich nicht zu Wort meldet, kriegt auch nichts.

En boca cerrada no entran moscas.
Reden ist Silber, Schweigen ist Gold.

Hombre precavido vale por dos.
Vorsicht ist besser als Nachsicht

Las necesidades obligan.
Bedürfnisse zwingen.

Lo que no se va en lágrimas se va en suspiros.
Man soll nicht bereuen, was passiert ist.

Nadie escarmienta por cabeza ajena.
Mit dem Kopf eines anderen kann man nichts dazulernen.

No hay gusto sin disgusto.
Es gibt keine Freude ohne gleichzeitiges Mißfallen.

Padre bodeguero, hijo caballero y nieto pordiosero.
Der Vater Wirt, der Sohn ein feiner Herr und der Enkel Bettler.

Patada de yegua no mata caballo.
Der Tritt einer Stute bringt einen Hengst nicht um.

Porque la rana brinque no es maromera,
porque el grillo salte no es maromero.
Obwohl Frosch und Grille hüpfen, sind sie
noch lange keine Opportunisten.

Quien mucho abarca poco abrieta.
Wer zuviel unternimmt, der bringt nichts recht zustande.

Quien mucho habla mucho yerra.
Wer viel spricht, tritt in viele Fettnäpfchen.

Literaturhinweise

Der meines Erachtens nach beste Cuba-Reiseführer erscheint jedes Jahr in aktualisierter Auflage: „Cuba" von Frank Herbst, Bielefeld, 2003.

Auf dem deutschen Markt gibt es meines Wissens nur eine Arbeit, die sich eingehend mit dem Thema cubanische Umgangssprache beschäftigt, nämlich das Büchlein, in dem sie gerade lesen.
Die fünf wichtigsten cubanischen Publikationen zu dieser Materie sind hier aufgelistet. Diese Bücher sind nicht über den Reise Know-How Verlag erhältlich.

Wer sich eingehender mit der cubanischen Mentalität und dem Alltag der Cubaner befassen möchte, dem sei folgendes Werk aus der KULTUR-SCHOCK-Reihe des Reise Know-How Verlages empfohlen: „Kulturschock Cuba" von Jens Sobisch, Bielefeld, 2004.

Breve manual de cubanismos
von José Prado Laballós
La Habana 1994

Diccionario cubano de términos populares y vulgares
von Carlos Paz Perez
La Habana 1996

El habla popular cubano de hoy
von Argelio Santiesteban
La Habana 1997

La fraseología en los diccionarios cubanos
von Zoila V. Carneado Moré,
La Habana 1985

Nuevo catauro de cubanismos
von Fernando Ortiz
La Habana 1985

Außerdem in Vorbereitung: CityGuide Havanna & Umgebung von Jens Sobisch.

Register

Auf den folgenden Seiten finden Sie ein aphbabetisch geordnetes Verzeichnis von etwa 1000 Stichwörtern, die in diesem Buch vorkommen. Die Seitenzahl dahinter gibt an, wo der Ausdruck zu finden ist.

A

abiertos 90
abrir 89, 91
absorba'o 57
Achanta! 54
achantar 56
aché 62
aclarar 59
acojonar 56
acostarse 85
adefesio 32, 73
adentros 93
afligido 73
agua 34, 55, 93-94, 96
aguardiente 40
aguas 92
ajena 97
ajustador 31
algo 56, 88, 95
algodon 88
alguien 56, 85
alma 90, 92, 94, 95
aloba'o 73
amargado 73
ambia 52
amigo 9
amigos 73
amor 85
andar 89
anfobri 49
animal 75
añejo 43
aparato 61
apendejamiento 66
aporreado 35
apretado 73
aprieto 92
aquello 85
araña 64
arepa 35
arranca'o 30
arrojar 40
asere 50, 52
asquerosa 76
asqueroso 76
asqueroso* 75
atrasa'o 81
atraso 81
aturrullarse 59
ayaca 35

B

bacalao 84
bajar 87
bajichupa 31
balín 31
baño 46
baratísimo 17
barato 17
barbaridad 63
barbaro 30
barman 20
baro 30
barra 83, 87
barreta 83
barriga 38
batido 39
batilongo 31
bayú 81
beber 96
belleza 79
bembas 66
bembo 84
besitito 16
besito 16
beso 16
besote 16
bicho 52, 83
bici 19
bicicleta 19
birra 40
bisté 20, 35
blanconazo 68
bobo 56, 73
boca 34, 89, 92, 96
bocadito 35
bodeguero 97
bodi 20
bohío 23
bolaita 40, 51
boleto 26
bollo 84
bolá 50, 94

bomba 40
boniatillo 35
boquetero 75
borra 40
borrachera 40
botar 40
botas 27, 38
bote 42
botella 24-26
botellín 40
brazo 91
brazos 90-91
bronca 56
bruto 73
buche 40
buches 42
buchito 40
buenas 72, 91
buenísima 72
buitre 75
buldózer 20
burra 26
buscarle 89
buscona 77
buti 22
buzo 87
bárbaramente 72
bárbaro 61

C

caballero 97
caballitos 27
caballo 52, 79, 95, 97
cabaña 65
cabeza 40, 48, 59, 95, 97
cabezaso 91
cabezón 95
cabilla 83, 87
cabreando 57
cabronzuelo* 75
cabrón 75
caca 46
cacique 23
caérse 90
café 39
cafecito 39
cagarruta 73
cagua 31
caldero 34
calentarse 81
caliente 54, 81
¡Cállate!* 54
calle 52
camello 25-26
campeonato 72
campeón 79
camping 20
Canchánchara 43
candela 66, 80, 96
candelain Feuer sein 57
canina 34
cantidad 73
cantidá 72
cao 63
caña 30, 35, 43
caoba 83
cañona 85
capirro 68
capullo 79
cara 56, 75, 90-91
carajo 55, 61
caramelo 66
carapacho 96
caras 95
caretón 26
cariño 79
carretillera 81
carril 14
carro 14, 26
carroña* 77
carta blanca 43
carta de oro 43
casabe 35
cascos 35
catarriento 48
cazabe 35
ceiba 23
ceibón 23
cerebrista 81
cerrada 96
cerrar 91
cerveza 41
chacharear 62
chafado 59
chafar 54, 56
chamaco 52
champelona 66
champola 35
champú 56
chamullar 62
chance 20
chao 53
chaocito 53
chaperona 22
chaqueta 32-33
chatear 40
chatino 36
chato 40
chen 51, 64
chévere 52
chicha 40
chicharitas 36

chícharo 36
chicharrones 36
chico 16, 52
chiflado 73
chilindrón 36
chimenea 86
chinchar 56
chino 48, 68
chipe 40
chiquitico 16
chiquitillo 16
chiquitito 16
chiquito 16, 40
chiripa 62
chirrín, chirrán 60
chisme 62
chismosear 62
chispa 40
chivato 62
chivatos 27
chivirico 36
chivo 26, 96
chocha 84
chocho 85
chol 20, 31
chor 20, 31
chorrada 60
chorradas 54
choteo 66
chuculún 60
chulo 72, 76
chupachupa 66
chupar 64, 87
chupeta 66
ciego 41, 82
cierre 54
cigarro 14
cintura 41, 87
clara 40
claro 93
clase 33
clavo 90
club 20
coba 31
cobea'o 31
cochino 57, 76, 93
cocina 33
coco 68
cocotaxi 25
codos 65
coger 24, 90
cogido 82
cohete! 60
cojones 59, 61, 72, 74, 84
colgado 56
comay 52
comemierda* 75
comencubo 38
comepinga* 75
comer 38, 54
comida 38
compa(ñero) 52
compay 52
concha 85
concho 74
congrí 36
conserva 36
consorte 51-52
consortón 52
contigo 94
controlar 20
conversación 60
coño 74, 85
copa 42
correr 96
cortejar 81
corto 19, 40
cortometraje 19
cosa 59, 85
cositas 85
costal 92
cotillear 62
cotorra 62-63
cotorrear 63
crema 85
creyón 22
crica 84
criollo 39
cristal 40
crudo 64
cruzarse 90
cuarto 65
cuatro ruedas 26
Cuba Bella 43
Cuba Libre 44
cubanito 43
cuca 48
cuentapropista 25
cuerazo 85
cuernos 65, 86
cuero 85
cuerú'a 36
cuesco 46
cuesta 91
culo 55, 60
cumplir 90
curralo 50
cusqui 56
cutara 31
cúmbila 52

D

Daiquiri 44
dancing 20
debilucho* 76
debut 22
decía 61
decir 63
demonio 72
demonios 73
descabezado 57
descarado 14, 76
descargar 41
descerado 73
descompuesta 82
descornarse 64
desembuchar 63
desgastarse 64
día 50
diablo 55
dias 50
dicharachos 89
diga 94
dinero 91
dios 91
disgusto 91, 97
disparado 26
disparo 26
divino 72
divisa 30
doctor 18
dotol 18, 48
dotor 48
dulce 36, 82
dura 33
dura* 75
duro 56, 96
durofrío 36

E

ebrio 41
ecobio 52
elevador 66
emisora 72
empapaya'o 82
empingar 82
empingarse 56
empujarse 85
enamorar 82
encabronarse 56
encantador 72
enchilado 36
encogido 73
enganchado 82
engrase 64
engullir 38
ensiamada 36
enterarse 59
entre 92
entrenar 22
escaparate 65
escarmienta 97
escocés 40
escop 83
escopeta 61, 86
escupir 63
espectacular 72
espor 20
espuela 87
estaca 46, 84
estambay 20, 92
estilla 30, 96
estupendo 72
explodar 56
expresiones 89

F

faja'o 31, 36, 73
faldo 31
familia 52
fardo 31
fastidia 61
feis 20
fenomenal 72
ferrocarril 14
fiera 52
fifty 20
fijo 56
filin 20
flaquencia 48
flauta 84, 87
flecha 26
fletera 77
flujo 46
follar* 85
fonda 34
forrarse 38, 64
foto 19
fotografía 19
frases 89
frenos 41
frente 93, 95
frijoles 36
friki 20
frito 60, 65
fuera 34
fula 30, 58
fulano 66
fósforo 60
fusil 86
fuácata 60
fúlbol 20
fútbol 20

G

gallardo 41
gallardó 41
galleta 56
gallina* 76
gallo* 76
ganas 42
gandición 38
gandí'o 38
gangarria 32
gao 50, 65
garapiña 41
garraspera 48
gato 19, 40, 61
genial 72
gente 50, 89
gira 56
golosería 73
goma 26
gordo 73
gorra 38
gozanolo 42
gracias 9
grande 16, 59
grandote 16
grillo 97
gringo 78
grúa 26
guagua 13, 23, 26
guajiro 66
guamparaso 42
guanica 23
guaniquiqui 30
guansa 30
guantánamo 23
guapa 79
guapita 32
guapo 36, 79
guapos 52
guarapo 39
guaricandilla 77
guarida 66
guarnición 36
guasabeo 82
guay 41
guayaba 36
guayabera 32
gucchi gucchi 85
guillo 32
guindar 63
guiso 36, 87
gustazo 96
gusto 97
gárgaras 55
güay 72

H

habaneros 18
habla 94
hablar 54, 91, 93
hacer 87, 93
hambre 73
hamburguesa 20
haragán 76
harapo 31
harapos 32
harina 91-92
hierro 84
hijito 53
hijo 17, 97
hilo 92
hinchar 56
hoja 76
hola 50
hombre 91, 97
hombro 94
hora 66
hP 76
huevero 96
huevos 84
hurtar 63

I

idea 59
igual 61
impresionante 72
incomodo 57
indígenas 22
infierno 55
informantes 27
infraganti 82
isla de Pinos 43

J

jaba'o 68
jama 38
jamar 38
jamonero 76, 82
jarra 41
jarro 89
jeberío 82
jeringues 54
jeva 82
jicotea 23, 96
jinetero 82
jiñar 46
jipi 20, 32

jodas 54
joder* 85
joint 20
joint, maní 49
joroba 61
jorobar 56
juegos 88
jugada 27
jugo 39, 95
juntarse 86
jábico 68

L

lages 42
¡Lárgate!* 55
leche 39, 56, 86
lecho 65
legal 60
lengua 63, 89
leña 56, 84
leñazo 56
leva 32
levantar 63
liao 58
librar 64
ligar 82
lima 32
limpiar 86
limón 58
lindura 79
linga 87
lios 83
liquidado 41
llama 64
lobi 20
lobo 92
loco 88
loquita 88
luchadores 30
luego 53
lunch 20
lágrima 94
lágrimas 90, 92-93, 97

M

machete 84
machi 79
macho 72
machorra 77
maco 82
macrí 68
madre 75
magnífico 72
maíz 23, 37
mal 48
mala 76, 95
malta 41
mama 96
mamada 87
mamalona 87
mamalón 87
mamar 87
mamasita 80
mami 17, 80
mamita 17, 80
manatí 23
mandacojones 60
mangar 63
maní 23
manjatan 32
mano 76, 89
manos 90
manyar 38
máquina 26
mar 92
mareo 41
maricona* 77
maricón** 77
maromera 97
maromero 97
Mary Pickford 43
masa 90
masa'e 68
massarreal 36
masturbarse 87
matahambre 36
mate 82
matearse 82
material 84
materialito 84
matiné 22
matungo 48
mazamorra 36
mea'o 41, 46
mear 46
mecánica 51
media 32
médico 48
melocotón 43
melón 30
mendó 80
menta 43
merengar 56
merluza 43
métele 56
meter 88, 94
mierda 55, 73-74
mihita 17
mihito 17
mima 17

mirahueco 82
miseria 91
mismo 61, 66
mojar 86
Mojito 44
mojo 36
mojón 46
momentillo 16
momentín 16
momentito 16
momento 16
monigotes 27
monina 52
monos 27, 55
montería 36
moña 58
moquera 48
morder 82
moreno 68
morronga 84
mosca 59
moscas 96
moto 19, 26, 54
motocicleta 19, 26
muela 63, 81, 91
muelmo 48
muermo 48
muerta 76
muerto 54
mujeres 83
mulato 68
mulatón 68
¡Murió! 57

N

nabo 84
nada 60-61, 94
nadie 94
nananina 61
napias 61
narices 61
narra 68
necesidades 97
necesitado 73
negliyé 22, 32
negro 68
nené 79
nichaldo 68
nichardo 68
nieto 97
niño 15, 52, 54
niple 21
noche 42
noches 50
norte 66, 94
nota 41, 43
numero 58

Ñ

ñáñara 48
ñáñaroso 48

O

obsorbo 57
ocá 60
oficial 60
ojos 90-92
olerse 59
orientales 18
orinar 82
otro 92
overol 21
oye 74

P

pachanga 41
pachungo 79
pacienta 48
padrejón 48
paga 96
paila 38
paja 87
pajéro* 87
pajizo 87
palabra 90
palabras 88
palito 84-85
palmiche 30
palo 84-85, 96
paloma 32
panetela 36
panqué 36
panqueque 36
panti 32
papa 10, 36, 38
papaya 85
papear 38
papeles 59
papi 17, 51, 79
papito 17, 79
papo 85
parado 26
pararse 24
paritorio 48
partir 86, 94
pasa 34
pasar 42, 86
pasarse 38
pasma'o 30, 74
pasmar 86
pasta 30
pasto 38

pata 62
patada 97
patatún 48
payama 21, 32
pecho 72
pechos 84
pedir 24
pedo 46
pedos 46
peer 46
pegar 38
pe'o 46
pela'o 30
pelandrusca 81
peli 19
película 19
pellejo 96
pelo 62-63, 68, 72
pelotas 84
peluquín 54
pena 66
pendón 77
penita 48
penjaus 21
penúltima 42
pepe 78
pepino 62
pepita 85
percha 33
perchero 82
perder 59, 94
perro 96
petrolero 82
pica 36
picantosa 82
picha 84
pico 82
picone 74
piedra 82, 86
pielcanela 68
pies 90
¡Pierdate!* 55
pilas 65
pilla 60
pilón 38
pincha 51, 64
pinga 62, 73-74, 84, 87
pinguidulce 76
pinol 36
pintar 55
piña Colada 43
piolo 82
pionono 37
pipi 46
pipo 17, 79
¡Pirate!* 55
pirulí 66, 84
pítima 42
pito 49, 84
pitusa 32
plancha'o 61
plata 30
plus 42
pobrecito 74
poli 19
policía 19, 26
polla 85
polvo 56, 64
ponerse 24, 38, 65
popis 32
pordiosero 97
porra 55
porro 49
portañuela 32
posada 82
posadero 82
pozo 87
prado 42
precavido 97
preciosura 80
preocupes 94
preparar 34
prieto 68
primera 72
primeras 91
princessa 80
pronto 53
propela 21
provecho 38
proverbios 89
pru 42
pudín 21, 37
puerco 93
puesto 32
puntal 81
punto 49, 57, 81
puñeta 56
puñetera 59
puñetería 58
pupa 48
pura 57, 66
puro 66
puta 59, 74-76
puta* 81
putada 58
putilla* 77
puyas 32
pánico 72

Q

quedarse 65
quei 21, 37
queque 37
querindango 82
queso 86

R

raja 85
ramera 81
rana 97
rara 59
rascabucheador 82
rascabuchear 82
raspa 37
raspadura 37
raspar 37
rasquera 48
raya 85
redi 21
remama'o 76
remeneo 83
reparto 65
repente 91
resaca 42
retorcijón 48
revancha 22
reventado 62
ricamente 73
ricura 80
ridículo 74
riquísima 72
rojo 49
rollo 54, 74
romper 86
romperse 65
ron 43
rosita 37
royal 37
rubio 68
ruina 76, 57
ruinera 83
rumba 42
rumbero 66
rábano 62

S

sacar 88
saladito 37
salcocho 37
salido 83
salsa 80
saltar 93
sambumbia 42
sanchocho 37
sandunga 80
sandwich 21
sangre 53
saoco 43
sato 83
sayuela 32
seco 30
sentir 95
señorita 9
servicios 46
sesentinueve 83, 87
s'acabó 61
singar 83, 86
¡Sio! 54
síper 32
sirimba 48
sirope 22
sitio 41
situar 24
social 52
socio 52
solo 42
son 66
soplar 42
sorpresa 60
suave 90
submarino 96
sudar 95
sudo 62
suero 38
suerte 62, 95
suspiros 97
suyas 93

T

abaco 23, 66
tacaño 76
tachino 37
taco 49, 72
tacos 32
talla 72, 93
tamal 37
tambor 96
tanga 32
tarado 76
tardes 50
tarrear 86
tarros 42, 86
tarrú** 76
tata 79
tayuyo 37
té 21, 39
teipe 21
teja 68
tela 32
temba 77
tembona 77
templar* 86
tener 83
tenso 58

terco 95
tesorito 80
tesoro 80
tetas 84
tía 80
tiburón 23
tiesto 83
timba 36
tipejo 74
tipo 33
tique 21
titi 80
tizón 68
tocar 58, 83, 87
tocatoca 83
toda 90
todo 91
tolete 84
tomar 60
tonto 56, 74
tope 32
torcer 91
torpe 74
torreja 37
tortilla 77
tortillera* 77
tostada 59
toston 37
tostón 37
trabajo 51
trago 43
tragos 42
tranca 55, 84
trancazo 96
tranquillo 54
trapichero 65
tremendo 73
tren 40
trigueño 68
trincar 43
tristeza 91
trompón 58
tronco 76
trusa 32
tubo 84
tumbar 63
túnico 32

U

ubicar 24
ustedes 13

V

vaca 41
vacio 34
vale 60
vara 62
varillo 49
vaya 32
velorio 41
vena'íto 86
vena'o 86
venirse 86
verdad 88
verdes 30
verdura 60, 88
vergüenza 90
vez 54
vianda 85
vida 80
vidriera 66
viento 55
vientre 46
viva 94
vomitar 42
vosotros 13
vuelta 55

Y

yanki 78
yegua 42, 97
yegua** 77
yénica 52
yerba 39
yerbabuena 45
yuca 23, 85
yuma 66, 78, 94
yáquet 21

Z

zapear 21
zombie 43
zorra 59
zumba 61

Kauderwelsch-Sprechführer

Leute kennen lernen und einfach loslegen: Sprechen

«Wort-für-Wort»
einen ersten Einblick in die Sprache gewinnen, um die wichtigsten Situationen meistern zu können.

«Slang»:
die authentische Umgangssprache kennen lernen.

«Dialekt»:
heimische Mundarten von Platt bis Bairisch, von Wienerisch bis Schwiizertüütsch.

«Deutsch für Ausländer»:
das einfache Kauderwelsch-System auch für unsere Gäste.

«AusspracheTrainer» auf Audio-CD gibt es zu vielen Sprachführern. Sie werden die „Begleitkassetten" in den nächsten Jahren ablösen.

«Kauderwelsch DIGITAL»
Komplett digitalisierte Kauderwelsch-Bände zum Lernen am PC. Alle fremdsprachlichen Wörter werden auf Mausklick vorgesprochen, Bonus auf der CD-ROM: der AusspracheTrainer – auch für Ihr Audioabspielgerät.

Über 170 Bände, mehr als 100 Sprachen
eine Übersicht über alle Kauderwelsch-Produkte finden Sie unter
www.reise-know-how.de

Kauderwelsch-Sprechführer

Spanisch für Lateinamerika

... für Argentinien
iSBN 3-89416-275-9

... für Chile
iSBN 3-89416-296-1

... für Ecuador
iSBN 3-89416-297-X

... für Venezuela
iSBN 3-89416-276-7

... für Costa Rica
iSBN 3-89416-315-1

... für die Dom. Rep.
iSBN 3-89416-328-3

... für Guatemala
iSBN 3-89416-274-0

... für Cuba
iSBN 3-89416-323-2

... für Panama
iSBN 3-89416-313-5

... für Mexiko
iSBN 3-89416-279-1

... für Peru
iSBN 3-89416-519-7

... für Nicaragua
iSBN 3-89416-320-8

REISE KNOW-HOW Verlag, Bielefeld

Der Autor

Jens Sobisch, Jahrgang 1977 und gebürtiger Franke, erholte sich nach seinem Abitur sechs Monate auf Cuba. Der passionierte Globetrotter kehrt seither regelmäßig auf diese wundervolle Insel zurück, wobei es ihm der Charme der Hauptstadt La Habana und das koloniale Kleinod Santa Clara besonders angetan haben. Nebenher blieb ihm genügend Zeit, in Würzburg und Salamanca (Spanien) erfolgreich Rechtswissenschaften zu studieren. Der von ihm verfasste Band „Kulturschock Cuba" ist ebenfalls bei Reise Know-How erschienen. In Kürze kommt sein City-Guide „Havanna und Umgebung“ in den Handel.

Danksagung

„Mein besonderer Dank gilt Amnelis, Danay, María de los Angeles, Odaisys und Yamisel. Ohne ihre Unterstützung hätte ich dieses Büchlein nicht schreiben können. Katharina und Ixquic danke ich für die wertvolle Hilfe in der hektischen Endphase der Manuskripterstellung. Ich freue mich auf Verbesserungsvorschläge aus dem Leserkreis. Für verwertete Ergänzungen zeigt sich der Verlag mit einem Freiexemplar der nächsten Auflage erkenntlich.“